Inhalt

Aktionen

3–5 Jahre

5–7 Jahre

ab 8 Jahre

Europa ist gleich nebenan

Was ist Europa? Ist es ein Staat? Ein Kontinent? Ein Wirtschaftszusammenschluss verschiedener Staaten? Woran denken Sie, wenn Sie das Stichwort »Europa« hören? Vielleicht fällt Ihnen als Erstes ein, dass Sie europäischer Staatsbürger sind. Aber was heißt das?

Welche Bedeutung hat »Europa« für die Kinder, die Sie heute in Ihren Einrichtungen betreuen? Mit was für einem Verständnis von Europa wachsen sie auf? Vielleicht wird Europa schon weit mehr zusammengewachsen sein als heute, wenn diese Kinder ins Berufsleben starten. Werden sie dann noch in Deutschland leben und arbeiten oder werden sie als Europäer ganz selbstverständlich in einem unserer Nachbarländer Fuß fassen?

Europa, das ist ein Kontinent mit dreitausendjähriger Geschichte, einem reichen Kulturerbe und vielfältigen Landschaften, die teilweise zu den schönsten der Welt zählen. Für den Reisenden gibt es so viel zu entdecken! Außerdem hat die Europäische Union (EU) in den letzten Jahrzehnten viel getan, damit das Reisen innerhalb Europas einfacher wird. Heute können die meisten innereuropäischen Grenzen ohne Kontrollen überschritten werden.

Deutschland und seine Nachbarn

Auf dem europäischen Kontinent ist Deutschland das Land, das die meisten Nachbarn hat. Insgesamt neun europäische Länder sind unsere direkten Nachbarn (siehe Kasten). Bei einem Grenzverlauf von insgesamt 3.618 Kilometern ist es folglich gar keine Seltenheit, dass Eltern in grenznahen Gebieten mit ihren Kindern zum Shoppen mal eben kurz über die Grenze ins benachbarte Ausland fahren. Der Grenzübertritt wird dabei kaum bewusst wahrgenommen, denn die Staatsgrenzen sind vielerorts kaum mehr sichtbar. Lediglich ein leeres Grenzhäuschen, ein paar Hinweistafeln in einer »fremden« Sprache und andere Straßenschilder signalisieren die Einreise ins Nachbarland.

Aber auch die Länder, die weiter entfernt liegen, werden häufig von den Kindern und ihren Familien bereist. Deshalb bietet es sich für die praktische Arbeit an, dass Sie Ihren Heimatort zum Ausgangspunkt einer virtuelle Rundreise quer durch Europa machen.
Mit den Anregungen und den Hintergrundinformationen, die wir Ihnen dazu in dieser PeP-Mappe geben, erheben wir keinerlei Anspruch auf Vollständigkeit. Dafür ist dieses Thema einfach viel zu umfassend. Wir haben die Angebote aber so angelegt, dass Sie diese selbstverständlich je nach Bedarf auf andere Länder übertragen, ausweiten und ergänzen können.

Deutschland und seine Nachbarn

Nachbarland	Hauptstadt	Gemeinsame Grenze
Dänemark	Kopenhagen	68 km
Niederlande	Amsterdam	577 km
Belgien	Brüssel	167 km
Luxemburg	Luxemburg	135 km
Frankreich	Paris	451 km
Schweiz (kein EU-Land)	Bern	334 km
Österreich	Wien	784 km
Tschechische Republik	Prag	646 km
Polen	Warschau	456 km

Wie ist Europa entstanden?

Einer griechischen Sage zufolge herrschte vor etwa 3.000 Jahren in Phönizien, dem heutigen Gebiet des Libanon am Mittelmeer, König Agenoer, ein asiatischer König. Er hatte eine wunderschöne Tochter mit Namen Europa, in die sich Zeus verliebte.

Eines Nachts hatte die Prinzessin einen Traum: Zwei Länder zeigten sich in Gestalt zweier Frauen, die um sie stritten. Eine der beiden Frauen verkörperte Asien und wollte Europa behalten. Die andere befahl ihr, ihre Heimat zu verlassen und aufs Meer hinaus in das Land gegenüber zu ziehen.

Am nächsten Morgen ging die Prinzessin an den Strand und pflückte Blumen. Dabei begegnete sie einem wunderschönen Stier. Doch es war kein gewöhnlicher Stier, sondern es war Zeus, der sich in diesen Stier verwandelt hatte, um die Prinzessin kennen zu lernen.

Zeus war der schönste Stier, den die Welt je gesehen hatte. Auch Europa bewunderte ihn sehr. Sie schmückte ihn mit ihrem Blumenkranz, setzte sich auf seinen Rücken und sagte lachend: »Das wissen die Götter, wo du mich nun hinbringen wirst, mein schöner Stier.«

Mit Europa auf dem Rücken stürzte sich Zeus in die Wellen des Meeres. Auf der Reise erzählte er Europa, wer er in Wirklichkeit war. So brachte er sie in sein Land. Als sie dort angekommen waren, fragte die Prinzessin, wie das Land denn heiße. Zeus, der inzwischen wieder Menschgestalt angenommen hatte, sagte stolz: »Das ist die Insel Kreta und ich bin König dieses Landes. Ich will immer für dich sorgen und dich beschützen, meine geliebte Europa. Und der Erdteil, der dich nun aufgenommen hat, soll für alle Zeiten deinen Namen tragen: Europa!«

So lebten sie glücklich zusammen und hatten drei Söhne: Minos, Radamanthys und Sarpedon. Alle Griechen waren von Europa fasziniert und benannten die Länder, die sie später entdeckten, nach ihrem Namen. So entstanden viele Länder mit vielen unterschiedlichen Sprachen und Kulturen. Diese bilden den heutigen Kontinent Europa.

Der Kontinent Europa

Mit dem Begriff »Europa« verbinden wir heutzutage weniger die Prinzessin, sondern einen unserer fünf Kontinente. Die anderen Kontinente sind Amerika, Asien, Afrika und Australien.

Europa besteht aus vielen Ländern. Jedes Land für sich weist Besonderheiten auf. Die Länder haben ganz unterschiedliche Landschaften, Traditionen, Geschichten und Sprachen. Dennoch sind einige auch durch Gemeinsamkeiten miteinander verbunden, zum Beispiel durch den Euro als einheitliche Währungseinheit.

Die Europäische Union

Die Europäische Union (EU) ist ein Staatenverbund, zu dem mittlerweile 25 Länder gehören. 1957 gründeten sechs europäische Länder die Europäische Wirtschaftsgemeinschaft.

Aus dieser Gemeinschaft entstand am 1. November 1993 durch den Vertrag von Maastricht die europäische Union.

Bis 2003 gehörten 15 europäische Länder der EU an:

- Belgien
- Dänemark
- Deutschland
- Finnland
- Frankreich
- Großbritannien
- Irland
- Italien
- Luxemburg
- Niederlande
- Österreich
- Portugal
- Schweden
- Spanien

Am 1. Mai 2004 sind dieser Gemeinschaft 10 weitere Länder beigetreten:

- Estland
- Lettland
- Litauen
- Malta
- Polen
- Slowakei
- Slowenien
- Tschechische Republik
- Ungarn
- Zypern

Anträge weiterer europäischer Staaten liegen vor.

Frieden und Menschenrechte

Alle Mitgliedsländer und Beitrittskandidaten der EU haben sich verpflichtet, sich für die vertraglich verankerten Ziele und Interessen der Gemeinschaft einzusetzen. Hierbei stehen nicht allein wirtschaftliche Ziele im Vordergrund. Unter anderem verpflichten sich alle derzeitigen und zukünftigen Mitglieder, den Frieden zu erhalten und die Menschenrechte zu wahren. Auf diese Weise wächst Europa immer mehr zu einer großen Gemeinschaft zusammen.

Die gemeinsame Währung – der Euro

Am 1. Januar 2002 ersetzte der Euro in 12 (von seinerzeit 15) EU-Mitgliedsstaaten die bis dahin gültige Landeswährung. Vor Einführung des Euro hatte jedes Land in der EU seine eigene Währung:

- D-Mark in Deutschland
- Lira in Italien
- Gulden in den Niederlanden
- Franc in Frankreich
- Franc in Belgien
- Franc in Luxemburg
- Peseten in Spanien
- Pfund in Irland
- Drachmen in Griechenland
- Schilling in Österreich
- Escudo in Portugal.

Ein Vorteil der neuen Währung ist, dass die Menschen kein Geld mehr umtauschen müssen, wenn sie von einem Euro-Land in ein anderes Euro-Land reisen. Der Euro gilt aber auch in einigen Ländern, die nicht zur EU gehören. Diese Länder lassen sich in vier Gruppen untergliedern:

- *Außereuropäische Territorien der EU-Staaten*: u.a. Réunion, Guadeloupe, Martinique, Azoren, Madeira, Kanarische Inseln
- *Drittstaaten (so genannte Zwergstaaten) in Europa, die über keine eigene Währung verfügen:* Andorra, Monaco, San Marino, Vatikanstaat
- *Drittstaaten mit eigener Währung, die in einem festen Verhältnis zum Euro stehen:* 14 west- und zentralafrikanische Länder, die fest an den Französischen Franc gebunden waren.
- *Gebiete, in denen der Euro als offizielles Zahlungsmittel gilt:* Montenegro, Kosovo

Projektvorschlag

Erkundung der Situation

Beginnen Sie Ihre Projektplanung doch einmal mit einer außergewöhnlichen Aktion. Machen Sie sich zunächst selbst auf den Weg und erkunden Sie Ihre Kita, indem Sie die Eltern und Kinder aus Ihrer Einrichtung interviewen. So werden Sie unter anderem feststellen, aus welchen Ländern die Familien kommen, in welche Länder sie am liebsten reisen und welche Sprachen sie sprechen. Gleichzeitig können Sie mit diesen Interviews quasi ganz nebenbei das neue Projektthema ankündigen und das Interesse der Kinder wecken.

Schwerpunkte und Ziele

Wichtig bei der Auseinandersetzung mit anderen Ländern ist, dass die Kinder zunächst ihre unmittelbare Lebenswelt kennen lernen. Erst wenn sie ein Zugehörigkeitsgefühl für ihre eigene Lebenswelt entwickelt haben, können sie sich als Bürger Europas begreifen.

Bei der Beschäftigung mit dem Projektthema »Europa« sollten Sie zudem darauf achten, dass Sie nicht nur gängige Vorurteile aufgreifen und hinterfragen. Suchen Sie nach möglichst realistischen Bezügen zu den jeweiligen Ländern und definieren Sie auf dieser Grundlage Ihre Ziele, zum Beispiel

- Kennenlernen der Länder Europas und Vermittlung von Grundinformationen wie Ländernamen, Hauptstädte, geographische Lagen und Besonderheiten
- Vermittlung eines Bewusstseins vom kulturellen Reichtum Europas
- Erkennen von Besonderheiten, Unterschieden und Gemeinsamkeiten vertrauter und fremder Länder und Kulturen im eigenen Erfahrungsbereich
- Toleranz gegenüber Menschen aus fremden Ländern
- Toleranz gegenüber Menschen aus fremden Kulturkreisen

Einstieg mit den Kindern

Die Kinder sind die Hauptpersonen in Ihrem Projekt. Überlegen und diskutieren Sie mit ihnen gemeinsam, was sie unter dem Begriff »Europa« verstehen. Lassen Sie die Kinder erzählen, was Europa für sie bedeutet. Damit alle Aussagen erhalten bleiben, werden sie notiert und festgehalten. Nachdem Sie genügend Erklärungen, Gedanken und Ideen gesammelt haben, überlegen Sie gemeinsam mit den Kindern, wie sie ihre Aussagen überprüfen wollen und woher sie weitere Informationen bekommen können. Erstellen Sie außerdem gemeinsam einen Fragebogen, den die Kinder an ihre Eltern weitergeben. Deren Aussagen werden dann den Kindern vorgelesen sowie gemeinsam besprochen und ausgewertet.

Mitarbeit der Eltern

Bei diesem Projektthema haben Sie immer wieder die Möglichkeit, die Eltern Ihrer Einrichtung um Mithilfe zu bitten und sie über die Projektarbeit zu informieren. Nutzen Sie hierfür die Interviews mit den Eltern und greifen Sie deren Antworten auf. So werden Ihnen die Eltern, die mit Ihren Kindern schon einmal im europäischen Ausland waren, bestimmt gerne einige Urlaubsfotos, Landkarten oder Reiseführer ausleihen. Vielleicht haben einige Eltern sogar schon mal für einige Zeit im Ausland gelebt und gearbeitet. Fragen Sie sie, ob sie den Kindern von ihren Erfahrungen berichten möchten. Weitere Gelegenheiten, um die Eltern in das Projekt einzubinden, bieten unter anderem Kochaktionen oder die Herstellung von Wörterbüchern. Versuchen Sie mit Ihren Angeboten insbesondere auch die Eltern zum Mitmachen zu motivieren, die die deutsche Sprache nicht oder kaum beherrschen.

Einstieg mit dem Team

Nutzen Sie die Antworten, die Sie möglicherweise von den Eltern in ihrem Fragebogen erhalten, für Ihren eigenen Einstieg. Überlegen und besprechen Sie im Team, wie Sie selbst den Fragenbogen beantworten würden. Vergleichen sie Ihre Antworten mit denen der Eltern. Vielleicht entdecken Sie dabei sogar gemeinsame Interessen und Ziele. So hätten Sie auch gleich eine gute Gesprächsbasis, um den Eltern zu vermitteln, warum Sie sich so intensiv mit Europa auseinandersetzen und was Sie mit diesem Projekt erreichen möchten.

Eine spannende und interessante Reise durch Europa wünschen Ihnen
Sandra Sommerfeld
Gabriele Wensky

Projektideen zum Thema

Hier sind wir zuhause
- Einen Stadtplan anfertigen
- Wir in Deutschland
- Was ist eine Hauptstadt?
- Bergwelt, Flüsse und Bäche

Rund um unser Geld
- Unsere Währung
- Rechnen mit dem Euro
- Auf den Spuren des Euro
- Kronen, Franken, Forint
- Besuch einer Bank

Kulinarische Europareise
- Nahrungsmittel aus anderen Ländern
- Rezeptbuch Europas
- Kochen mit den Eltern
- Bunter Europasalat
- Landestypische Gerichte

Brücken verbinden Europa
- Brückenkonstruktionen erkunden
- Hängebrücken aus Seilen
- Historische Steinbrücken
- Erste Experimente im Brückenbau
- Eine Welt ohne Brücken
- Waserstraßen und Luftwege

Hier sind wir zuhause!

Für Kinder im Alter von 3 bis 5 Jahren ist es beim Thema »Europa« zunächst wichtig, das eigene direkte Umfeld kennen zu lernen und eine bewusste Beziehung zu ihrem eigenen Standort aufzubauen. Ausgehend von dieser sicheren und vertrauten Position können sich die Kinder nun dem Land nähern, in dem sie leben. Erst danach sind sie bereit, sich allmählich in unsere Nachbarstaaten zu begeben.

Hier leben wir

Besorgen Sie sich einen Ortsplan, auf der Ihre Einrichtung und die Wohnorte möglichst vieler Kinder eingezeichnet sind. Markieren Sie nun mit den Kindern diese Punkte auf der Karte und suchen Sie die Wege, die in die Einrichtung führen. Erkennen die Kinder auf dem Plan ihre Umgebung wieder? Was fehlt? Gibt es andererseits auch Dinge, die ihnen bislang noch nie aufgefallen sind?

Einen Stadtplan anfertigen

Führen Sie eine Erkundung in Ihrem Stadtteil oder Ort durch und tragen Sie mit den Kindern zusammen, was alles in einem Ortsplan erkennbar sein muss. Dabei sind die Kinder aufgefordert, sich Gedanken darüber zu machen, was auf ihrer Karte alles eingezeichnet sein sollte. Sicherlich werden sie andere Dinge als bedeutsam ansehen, als Sie es möglicherweise von einem Stadtplan her kennen. Alle Dinge, die die Kinder interessieren und die sie für wichtig ansehen, werden zusammengetragen. Egal, ob es der Baum an der Ecke, der kleine Bach oder der Spielplatz ist. Denn es ist der eigene Ortsplan der Kinder und sie sollen sich ein Bild davon machen, wie ein Plan aussieht und wie er erstellt wird.

Perspektivwechsel

Vielleicht haben Sie die Möglichkeit, mit den Kindern einen Perspektivwechsel vorzunehmen. Besuchen Sie mit den Kindern einen Aussichtsplatz in der freien Natur, einen Kirchturm oder eine obere Etage in einem besonders hohen Gebäude und fotografieren Sie von dort Ihre Umgebung. Auch so können sich die Kinder ihrer Umgebung nähern und die Orte, die sie auf den Fotos finden, in die Karte eintragen.

Was ist ein Maßstab?

Wichtig bei einem Stadtplan ist, dass alle Häuser und Straßen maßstabsgetreu eingezeichnet sind. Doch wissen die Kinder, was ein Maßstab ist? Dies finden sie am besten mit eigenen Experimenten heraus. Die Kinder messen zunächst selbst die Größe ihrer Finger, Hände, Beine und ihres gesamten Körpers. Nachdem Sie ihre Ergebnisse notiert haben, machen Sie ein Foto von jedem Kind und vergleichen seine Originalmaße mit denen auf dem Foto. So können die Kinder einen Bezug zum Verhältnis der Größe herstellen.

Wie lang ist unsere Straße?

Messen Sie nun mit den Kindern die Länge der Straße oder des Weges zu Ihrer Einrichtung nach. Wie oft passen die Kinder selbst in diese Maße? Schaffen sie es, das Maß der Straße auf das Verhältnis des Fotos und sich selbst zu abstrahieren? Das ist sicher keine einfache Aufgabe.

Wir in Deutschland

Nachdem die Kinder sich mit ihrer unmittelbaren Umgebung auseinander gesetzt haben, können Sie sich langsam einer etwas größeren Karte zuwenden – einer Karte von Deutschland mit allen Bundesländern. Umfahren Sie gemeinsam mit den Kindern die Landesgrenze. Welche Form hat Deutschland? Wo liegt der Ort, an dem die Kinder leben? Fragen Sie sie auch, wo ihre Großeltern leben, wo sie selbst schon mal gewohnt oder Urlaub gemacht haben. Markieren Sie die genannten Orte mit bunten Fähnchen oder Stecknadeln. Wie groß sind die Entfernungen zwischen den einzelnen Orten? Was wissen die Kinder über die markierten Orte? Ergänzen Sie die Aussagen der Kinder durch gezielte Nachfragen zur Landschaft, zur Tier- und Pflanzenwelt, zum Klima, zum Dialekt und zu sonstigen Besonderheiten.

Buntes Deutschland

Die Kinder haben nun einen ersten Eindruck von der Größe und den verschiedenen Landschaften Deutschlands. Erklären Sie ihnen als Nächstes, dass Deutschland aus 16 Bundesländern besteht. Wissen die Kinder, in welchem Bundesland sie selbst leben? Zeigen Sie auf der Karte die Grenzen dieses Bundeslandes. Wie viele und welche Orte haben die Kinder in diesem Gebiet schon mit ihren Fähnchen markiert? Im nächsten Schritt geht es in die benachbarten Bundesländer. Eventuell stecken auch dort schon Fähnchen. Wie heißen diese Bundesländer und wie groß sind sie? Als Nächstes suchen Sie nach allen weiteren Fähnchen, die in entfernten Regionen stecken. Haben die Kinder jetzt alle 16 Bundesländer kennen gelernt oder fehlen noch einige?

Was ist eine Hauptstadt?

Lassen Sie die Kinder überlegen, was wohl eine Hauptstadt ist und was dieser Name zu bedeuten hat. Sie befragen Eltern und Großeltern oder auch die Erzieherinnen in ihrer Einrichtung. Gemeinsam erforschen sie, wie die Hauptstadt von Deutschland heißt und welches die Hauptstädte der einzelnen Bundesländer sind.

Besondere Erkennungszeichen

Erklären Sie den Kindern, dass jedes Land der Welt sein eigenes Erkennungszeichen hat. Was könnte das für ein Zeichen sein? Sollten die Kinder nicht darauf kommen, helfen Sie ihnen mit einem kleinen Tipp. Vielleicht haben sie schon mal auf dem Weg zur Kita eine Fahne gesehen. Wie viele verschiedene Flaggen können die Kinder nennen? Erklären Sie ihnen, dass es neben den Landesflaggen auch welche für jedes Bundesland und jeden Ort gibt. Suchen Sie mit den Kindern in Büchern nach Abbildungen von Flaggen.

Historische und sehenswerte Bauwerke

Bestimmt gibt es auch in Ihrer Nähe ein interessantes Bauwerk, das Sie mit den Kindern besichtigen können und über das es spannende Geschichten zu erzählen gibt. Hierbei geht es keineswegs um kunsthistorische Details, sondern um landeskundliches Wissen. Wann und warum wurde dieses Gebäude ausgerechnet an diesem Ort errichtet? Erkunden Sie mit den Kindern auch die verwendeten Materialien für das Gebäude und die Einrichtung. Gehen Sie dabei der Frage nach, woher diese Materialien kommen und mit welchen Werkzeugen sie verarbeitet werden. Vielleicht entdecken die Kinder sogar Besonderheiten, die Ihnen bislang noch nicht aufgefallen sind.

Wappen

Gehen Sie mit den Kindern zum örtlichen Rathaus, um dort das Wappen von ihrer Stadt und ihrem Bundesland zu sehen. Geben Sie den Kindern genügend Zeit, dieses Wappen genau zu betrachten. Was können sie darauf entdecken? Fragen Sie Ihren Bürgermeister oder jemanden vom Stadtarchiv, welche Bedeutung die Zeichen auf dem Wappen haben. Sicher gibt es dazu eine kleine Geschichte.

Tipp: Sehenswerte Bauwerke sind nicht nur der Kölner Dom, das Brandenburger Tor in Berlin, die Semper Oper in Dresden oder das Holstentor in Lübeck, sondern unter anderem auch denkmalgeschützte Gasthäuser und Mühlen sowie architektonische Kunstwerke der Neuzeit.

Flüsse und Bäche

Bei weiteren Erkundungen gehen die Kinder nun an Flüsse und Bäche. Besonders interessant ist dabei, der genaue Vergleich zwischen dem Gewässer auf der Karte und in der Natur. Auf der Landkarte können sich die Kinder genau ansehen, welche Wege ihr Fluss zurücklegt, wo seine Quelle ist, in welches Gewässer er mündet und wie er sich durch ihre Umgebung schlängelt. Erkennen sie seine Formen und Rundungen wieder, wenn sie an seinem Ufer stehen? Fragen Sie die Kinder, was sie über die Tiefe des Gewässers wissen. Vielleicht haben sie sogar schon selbst beobachten können, wie sich der Fluss je nach Jahreszeit verändert. Welche Pflanzen, Tiere und Steine gibt es hier zu entdecken? Überlegen Sie mit den Kindern auch, welche Bedeutung der Fluss für das Leben der Menschen hat.

Mittel- und Hochgebirgslandschaften

Deutschland hat eine vielfältige Gebirgslandschaft, sodass sich die Frage, was ein Gebirge ist, gar nicht so einfach beantworten lässt. Vielleicht waren einige Kinder selbst schon einmal im Gebirge und können den anderen von ihren Erlebnissen berichten. Wer hat schon mal eine Wandertour im Bayerischen Wald, Erzgebirge, Harz oder Schwarzwald gemacht oder war zum Winterurlaub in den Alpen? Nachdem nun alle Kinder eine Vorstellung vom Gebirge haben, möchten sie sich bestimmt gerne ein eigenes Bild von der Bergwelt machen. Schauen Sie sich gemeinsam Fotos in Büchern und Zeitschriften an. Fragen Sie die Kinder, was ihnen auffällt. Was ist in den Bergen anders als auf dem flachen Land? Gibt es dort besondere Pflanzen oder Tiere?

Bergwelt in Fantasie und Wirklichkeit

Tragen Sie gemeinsam mit den Kindern Märchen, Sagen und Geschichten zusammen, in denen Gebirge, Berge oder Schluchten eine wichtige Rolle spielen. Gerade für Kinder in diesem Alter bieten Geschichten aus der Fantasiewelt eine gute Möglichkeit, sich dem Thema zu nähern. Stimmen die Beschreibungen der Bergwelt mit ihren eigenen Beobachtungen überein? Welche Unterschiede entdecken sie?

Drachengeschichte vom Siebengebirge

Einst gab es im Siebengebirge einen bösen Drachen. Er saß auf seinem Felsen und wartete auf die Handelsschiffe, die den Rhein entlangfuhren. War ein Schiff nahe genug, stieß er eine riesige Feuerwalze aus und sah freudig zu, wie die Schiffsbesatzung verbrannte oder in den Wogen des Rheines ertrank. Eines Tages näherte sich wieder ein Schiff dem Drachenfelsen. Es war randvoll mit Schießpulver beladen. Dies bemerkte der Drache aber nicht. Als das Schiff seinem Felsen nahe genug war, spie er Feuer. Er konnte gerade noch sehen, wie das Schiff Feuer fing, ehe es im nächsten Moment mit einem weithin hörbaren Knall explodierte. Die Explosion riss den Drachen weit fort und er wurde nie mehr gesehen.

Tipp: Beziehen Sie die Eltern in Ihre Projektarbeit ein und fragen Sie nach privaten Fotos, Dias, Bildbänden oder Reiseführern, die sie Ihnen für einige Zeit ausleihen könnten.

Besonderheiten in Europa

Wenn sich die Kinder mit den verschiedenen Ländern befassen, werden sie erfahren, dass jedes Land seine eigene landestypische Pflanzen- und Tierwelt hat. So wie der Schwarzwald weltweit durch seine dunklen Tannenwälder bekannt ist, so berühmt ist Holland als blühendes Tulpenland und Schweden als Heimat der Elche. Sicher werden die Kinder noch mehr Besonderheiten entdecken.

Niederlande, das Tulpenland

Überlegen Sie gemeinsam mit den Kindern, ob Sie eine kleine holländische Ecke in ihrer Einrichtung erstellen möchten. Wie wäre es zum Beispiel mit einem kleinen Tulpenfeld, das die Kinder selbst gestalten? Sammeln Sie alle Fragen, die den Kindern zu Tulpen einfallen:

- Wie wachsen Tulpen?
- Was müssen wir bedenken, damit sie im Winter nicht erfrieren?
- Können Tulpen auch an einen schattigen Platz gepflanzt werden?
- Was passiert wohl, wenn sie nicht ganz so tief eingepflanzt werden?

Tulpen selbst ziehen

Für die täglichen Beobachtungen pflanzen Sie die Tulpen gemeinsam mit den Kindern in kleine Töpfchen. Hierfür brauchen Sie:

- Tontöpfe
- Untersetzer
- Blumenzwiebeln
- Blumenerde
- Sand
- kleine Kieselsteine

Da die Tulpen für ihre Wurzelbildung eine kühle Umgebung brauchen, müssen sie im Herbst gepflanzt werden. Füllen Sie die Tontöpfe zur Hälfte mit Kieselsteinen. Vermischen Sie Erde und Sand je zu gleichen Anteilen. Füllen Sie diese Mischung auf die Kieselsteine und setzen Sie die Zwiebeln ein. Nun wird der Topf rundherum mit Erde aufgefüllt. Die Zwiebelspitzen sollten noch aus der Erde herausragen. Selbstverständlich müssen die Pflänzchen nun regelmäßig mit Wasser versorgt werden.

Tipp: Wenn Sie die Tontöpfe mit Plakatfarben bunt anmalen, können die Kinder sie später an Freunde oder Verwandte verschenken.

Beobachtungsbogen für die Tulpenzucht

Erstellen Sie mit den Kindern einen Beobachtungsbogen, auf dem sie täglich ihre verrichteten Tätigkeiten und gesammelten Beobachtungen dokumentieren. So malen sie auf, zu welchen Zeiten sie ihre Pflanze eingepflanzt und was sie genau gemacht haben. Da die Kinder in diesem Alter in der Regel noch nicht selbst schreiben können, helfen Sie ihnen und notieren Sie ihre Aussagen. Manche Kinder stellen eine Beziehung zu »ihrer« Tulpe her und geben ihr vielleicht sogar einen Namen. Dies ist besonders dann möglich, wenn die ersten Tulpen sich über der Erde zeigen und ihr Wachstum das besondere Interesse der Kinder weckt.

Weiße Blumen einfärben

Für dieses Experiment brauchen Sie:

- weiße Tulpen
- Gläser
- verschiedenfarbige Tinte

Die Kinder füllen Wasser in ein schmales Glas und geben jeweils eine farbige Tinte dazu. Sie schneiden den Stiel von einigen weißen Tulpen schräg an und stellen diese in das Tintenwasser. Schon nach wenigen Stunden verfärben sich die weißen Blütenblätter. Bis die Tulpe komplett die Farbe der Tinte angenommen hat, kann es allerdings bis zum nächsten Morgen dauern.

Geben Sie den Kindern nun Gelegenheit, den Stiel der Tulpe aufzuschneiden. So können sie sehen, wie das Wasser in den Kapillaren aufsteigt. Erklären Sie den Kindern, dass es sich bei diesen Leitungen um die Adern der Pflanze handelt, die alle Zellen mit Wasser und Nährstoffen versorgen.

Variation: Wiederholen Sie dieses Experiment mit weißen Nelken oder Margeriten.

Schweden, Heimat der Elche

Denken Sie bei Schweden auch gleich an Elche? Vielerorts gilt die größte Hirschart der Erde als Symbol für seine Heimat – nicht zuletzt durch die Werbung eines schwedischen Möbelhauses. Damit die Kinder einen Elch in Lebensgröße betrachten können, planen Sie eine Exkursion in einen Zoo, Tierpark oder ein Tiergehege. Hier können die Kinder die besonders markanten Körperteile dieses Waldtiers beobachten. Fordern Sie die Kinder auf, den Körper des Elches mit ihrem eigenen zu vergleichen.

- Wie breit ist die Schulterpartie beim Elch? Wie breit ist ihre eigene?
- Wie ist sein Kopf geformt?
- Was ist an seinen Lippen besonders auffällig?
- Welche Augenfarbe hat der Elch?
- Wie sind seine Augen angeordnet?
- Können die Kinder Gerüche gut wahrnehmen?
- Und können die Kinder mit ihren Ohren wackeln?

Variation: Sollte es in Ihrer Nähe kein Tiergehege mit Elchen geben, suchen Sie in Büchern oder Videofilmen nach Informationen über diese Tiere.

Der Elch

Als größte Hirschart der Erde variieren die Körpermaße des Elches. Elchbullen erreichen nicht selten eine Schulterhöhe von 2,30 Meter und eine Länge von 3 Meter. Elchkühe sind in der Regel kleiner. Schauen Sie sich auf Bildern oder bei Ihrem Besuch im Zoo den Kopf des Elches genau an. Sein Kopf ist lang und ausgeprägt, mit einer stark überhängenden Oberlippe. Seine langen Lippen benutzt der Elch zum Abstreifen von Laub. Der Elch besitzt einen hervorragend entwickelten Geruchssinn, mit dem er nicht nur ein Objekt wahrnehmen, sondern auch dessen Entfernung feststellen kann. Seine Ohren sind breit und sehr beweglich, da sich der Elch oft auf seinen Gehörsinn verlassen muss. Wie das Pferd signalisiert auch der Elch mithilfe seiner Ohrstellung seine jeweilige Gemütslage. Seine braunen Augen sind klein und leicht hervortretend. Dank seiner ausgezeichneten Sehkraft kann der Elch selbst bei Dämmerlicht hervorragend sehen, dafür ist er allerdings beinahe farbenblind.

Reisen mit Bahn und Flugzeug

Sicher sind einige Kinder selbst schon einmal verreist und können aus eigener Erfahrung über das Reisen mit Flugzeug, Auto, Bus, Bahn oder Schiff berichten. Trotzdem haben Bahn und Flugzeug nichts von ihrer Faszination verloren.

Expedition zum Flughafen

Nachdem Sie mit den Kindern einen größeren Bahnhof besichtigt haben, können Sie nun eine Exkursion zu einem Passagierflughafen durchführen. Genau wie am Bahnhof informieren auch hier große Tafeln über die Ankunfts- und Abflugzeiten der Flugzeuge. Besonders spannend sind hier die Herkunfts- und Zielorte der vielen Flugzeuge. Vielleicht waren einige Kinder selbst schon mal an diesen Orten und möchten den anderen von ihren Reiseerlebnissen erzählen. Wie sind sie in das Flugzeug gekommen? Durften sie ihr Gepäck mitnehmen? Wie war es beim Start? Gehen Sie mit den Kindern zur Aussichtsterrasse des Flughafens, um die vielen Arbeiten auf dem Rollfeld zu verfolgen. Sprechen Sie mit den Kindern über ihre Beobachtungen. Was ist hier anders als auf dem Bahnhof?

Tipp: Viele Flughäfen bieten kindgerechte Führungen an. Solch eine geführte Besichtigung wird für die Kinder bestimmt ein ganz besonderes Erlebnis sein.

Expedition zum Bahnhof

Fahren Sie mit den Kindern zum nächstgelegenen größeren Bahnhof. Dort werden sie die großen Tafeln mit den Ankunfts- und Abfahrtszeiten der Züge sehen. Erklären Sie den Kindern, welche Informationen auf diesen Tafeln stehen und warum diese für die Reisenden so wichtig sind. Zeigen Sie den Kindern auch die Fahrkartenautomaten, den Servicepoint, das Reisezentrum und die Schließfächer. Wer von den Kindern hat selbst schon mal eine Bahnreise gemacht? Fragen Sie die Kinder nach ihren Erlebnissen und ihrem Wissen rund um die Bahn. Vielleicht mussten sie sogar umsteigen und hätten beinahe ihren Zug verpasst oder sie waren erst am falschen Gleis und haben dann vor lauter Aufregung ihren reservierten Sitzplatz nicht gefunden. Besprechen Sie mit den Kindern, warum Fahrpläne so wichtig sind und Züge nicht einfach warten können. Fragen Sie die Kinder auch, welche Aufgaben der Schaffner hat und wofür die vielen Ampeln an den Gleisen so wichtig sind. Gehen Sie mit den Kindern auch auf den Bahnsteig, wo sie die Ankunft und Abfahrt der Züge beobachten können.

Rund ums Fliegen

Warum können Flugzeuge fliegen? Wieso trägt die Luft? Mit diesen Fragen können Sie die Kinder anregen, sich mit Luftdruck, Luftstrom und Tragfähigkeit auseinander zu setzen. Lassen Sie die Kinder unterschiedliche Flieger bauen und ihre Flugfähigkeit testen. Sie werden ihre eigenen Entdeckungen machen und viel Spaß an diesen Experimenten haben.

Fliegen – ein uralter Menschheitstraum

Der Wunsch zu fliegen ist ein uralter Menschheitstraum. Immer wieder versuchten die Menschen, es den Vögeln gleichzutun. Nur so einfach wie es bei den Vögeln aussieht, ist es nicht. Erst nach vielen hundert Jahren sind die Menschen dem Geheimnis des Fluges, der Aerodynamik, auf die Spur gekommen und haben die Gesetzmäßigkeiten entdeckt. Diese Erkenntnisse sind bis heute gültig.

Im Flugsimulator

Mit einer kleinen Mitmachgeschichte können Sie allen Kindern verdeutlichen, was es bedeutet in einem Flugzeug zu sitzen. Damit die Kinder besser »durchstarten« können, legen sie sich auf den Boden.

Geschichte: *Stellt euch vor, ihr wollt heute in ein anderes Land fliegen. Ihr habt alles gut vorbereitet: Flugticket und Reisepass habt ihr im Tagesrucksack, der Koffer ist gepackt, verschlossen und mit Namensschild versehen. Gerade seid ihr mit dem Auto am Flughafen angekommen und habt das Auto auf einem der zahlreichen Parkplätze abgestellt. Als Erstes müsst ihr nun zum Schalter, an dem ihr die Bordkarten bekommt und euer Gepäck abgebt. Weiter geht es durch den Zoll und in den Wartesaal. Euer Flug wird aufgerufen, ihr geht durch einen Tunnel in euer Flugzeug und setzt euch auf euren Platz. Die Türen werden geschlossen, denn gleich wird das Flugzeug auf die Startbahn rollen. Die Stewardess bittet alle Fluggäste, sich anzuschnallen und die Sitze aufrecht zu stellen. Niemand darf mehr herumlaufen. Der große Augenblick naht: Die Triebwerke heulen auf, das ganze Flugzeug vibriert, es holpert wie verrückt und mit immer größerer Geschwindigkeit saust die Maschine die Piste entlang. Langsam macht sich ein komisches Gefühl im Magen bemerkbar. Das Flugzeug hebt ab und fliegt steil in die Höhe. Die Häuser, die Autos und die Bäume werden immer kleiner ... Nun sind wir am Ziel. Das Flugzeug setzt zum Landanflug an. Könnt ihr euch vorstellen, wie unsere Flugreise weitergeht?*

Ein Gefühl für Entfernungen entwickeln

Für Kinder ist es nicht einfach, Entfernungen abzuschätzen und ein Gefühl dafür zu entwickeln. Auf einer Europakarte können sie sehen, dass viele Länder sehr weit von Deutschland entfernt sind. Lassen Sie die Kinder bewusst erfahren, wie lang ein Kilometer ist. Stecken Sie eine 100 Meter lange Strecke ab. Diese gehen die Kinder nun ab und zählen dabei – soweit sie den Zahlenraum beherrschen – jeden Schritt mit. In einem weiteren Experiment legen sich die Kinder in einer langen Reihe auf den Boden und versuchen so, das Ziel zu erreichen. Reicht die Körpergröße ihrer ganze Gruppe aus, um einen Kilometer zu überwinden?

Fallversuche

Geben Sie den Kindern Gelegenheit, ihre eigenen Ideen und Experimente zum Thema Fliegen zu entwickeln, um dem Zusammenspiel von Kraft, Masse und Luftwiderstand nachzugehen. Zeigen Sie den Kindern, dass Sie an ihren Ideen interessiert sind. Sammeln Sie Blätter, Stöcke, Steine und ähnliche Materialien. Die Kinder nehmen jeweils zwei verschiedene Gegenstände und lassen diese gleichzeitig zu Boden fallen. Fragen Sie die Kinder, warum ein Gegenstand schneller fällt als der andere. Lassen Sie sie auch ausprobieren, welche Gegenstände in der gleichen Geschwindigkeit zu Boden fallen. Was passiert, wenn sie zwei gleich große Blatt Papier einmal waagerecht und einmal zusammengeknüllt fallen lassen?

Entfernung und Reisezeit

Zeigen Sie den Kindern auf dem Globus, wie weit ihre bisherigen Reiseziele von ihrem Wohnort entfernt sind. Können sie den anderen erzählen, wie lange die Reise dorthin gedauert hat? Verdeutlichen Sie die Zeitdauer mithilfe kindlicher Erfahrungswerte. Beispielsweise dauert eine Flugreise nach Mallorca vom Aufstehen am Morgen bis zum Mittagessen im Kindergarten. Ungefähr genauso lange dauert auch die Reise mit der Bahn oder dem Auto von Wiesbaden an die Nordsee oder in die Alpen. Haben die Kinder eine Erklärung für diese Unterschiede?

Wir bauen Verkehrsmittel

Viele Kinder kennen aus eigener Erfahrung oder aus den Medien selbst weit entfernte Länder oder Orte. Doch ist ihnen bewusst, auf welchen Wegen sie dorthin gelangen können? Um den Kindern die möglichen Reisewege aufzuzeigen, eignet sich die Herstellung verschiedener Verkehrsmittel wie Auto, Bahn, Flugzeug oder Schiff.

Fantasievolle Autos bauen

Die Kinder kreieren ihre Traumautos. Als Material benötigen sie:

- leere Schachteln
- verschiedene Farben
- Papiere in verschiedenen Farben
- Klebefolie in verschiedenen Farben
- Kleber

Für die Karosserie verwenden die Kinder je nach Bedarf verschiedene Schachteln und schneiden diese nach eigenen Vorstellungen zurecht. Sind alle Teile zusammengeklebt, erhalten die Autos ihre »Lackierung« und werden zum Trocknen aufgestellt. Nach dem Trocknen versehen die Kinder ihre Autos mit Türen, Fenstern, Scheinwerfern und Nummernschildern. Diese Elemente erstellen sie aus bunten Papieren oder Klebefoliestücken.

Variation: Nach derselben Vorgehensweise gestalten die Kinder fantasievolle Eisenbahnen mit mehreren Waggons, Flugzeuge, Busse oder Schiffe.

Bitte einsteigen und anschnallen

Die Kinder bauen aus großen Kartons Fahrzeuge, in die sie hineinklettern und mit denen sie selbst »fahren« können. Sie benötigen:

- große Kartons
- Pappen
- Farben
- Materialien für die Verzierung
- Kordeln oder Schnüre

Helfen Sie den Kindern beim Zuschneiden der großen Kartons und entfernen Sie jeweils den Boden sowie den Deckel, sodass nur noch die Seitenwände erhalten sind. Nun dürfen die Kinder ihre Autos nach Herzenslust bemalen und bekleben. Sie fertigen aus vier Pappscheiben Räder an, malen Autoschilder und dekorative Muster. Wenn sie mit ihren Werken zufrieden sind, klettern sie in ihre Autos und halten sie auf Bauchhöhe fest. Damit die Kinder ihre Autos beim Fahren nicht ganz festhalten müssen, bringen Sie als Tragehilfen jeweils zwei dicke Kordeln oder Schnüre am Fahrzeug an. Die Kordeln sollten so lang sein, dass der Karton auf Bauchhöhe sitzt und sich das Kind beim Fahren sicher bewegen kann.

Variation: Gestalten Sie nach der gleichen Bauweise auch Flugzeuge und Schiffe.

Flugzeuge konstruieren

Lassen Sie die Kinder ein Flugzeug nach ihren Vorstellungen gestalten. Als Vorlage und zur Unterstützung ihrer Ideen können sie sich an Fotos oder Bildern von echten Flugzeugen orientieren. Sie benötigen:

- Papprollen von Küchenpapiertüchern
- weißes Papier
- Pappe
- Farbe
- Kleber
- Stifte

Aus den Papprollen basteln die Kinder einen Flugzeugrumpf. Diesen bemalen sie mit weißer Farbe oder bekleben ihn mit weißem Papier. Danach schneiden sie aus Papier einen Halbkreis zu und gestalten daraus einen kleinen spitzen Hut, der nun auf eines der Enden vom Rumpf geklebt wird und die Flugzeugspitze darstellt. Aus Pappe schneiden die Kinder die Tragflächen und weitere Flügelteile aus, die sie an den entsprechenden Stellen vom Rumpf befestigen. Zum Schluss bemalen und bekleben sie ihr Flugzeug nach eigenen Vorstellungen. Zur Aufhängung des Fliegers befestigen Sie einen Faden in der Mitte des Rumpfes.

Schiffe bauen

Legen Sie folgende Materialien anschaulich auf Tischen bereit:

- Holz
- Styropor
- leere Teelichter
- Korken
- Pappschachteln
- Fahnen
- Holzstäbchen
- Toilettenpapierrollen
- Farben
- Leim

Machen Sie den Kindern lediglich die Vorgabe, dass sie aus diesen Materialien Schiffe bauen sollen. Nun ist die Kreativität und Fantasie der Kinder gefragt. Bestimmt werden sie innerhalb kürzester Zeit mit Begeisterung bei der Arbeit sein und später stolz ihre Kunstwerke zeigen. Wer möchte, darf sein Schiff auf richtigem Wasser schwimmen lassen.

Der Lastwagen bringt's

In vielen Geschäften finden die Kinder Waren aus Europa, zum Beispiel Apfelsinen aus Spanien, Weintrauben aus Italien oder Tulpen aus Holland. Aber wie kommen diese Waren zu uns nach Deutschland? Na, mit dem LKW. Stellen Sie den Kindern Kartons und Pappe zur Verfügung, aus denen sie Lastwagen bauen können. Mit diesen LKWs können sie vom Ernteland zu uns nach Deutschland fahren.

Spiellandschaft

Die selbst gestalteten Fahrzeuge stellen Sie auf einen großen Tisch, den Sie mit den Kindern zu einer Spiellandschaft umdekorieren. Alternativ können Sie auch eine große Platte verwenden. Für die Modelllandschaft benötigen Sie:

- Naturmaterialien für die Gestaltung von Schienen und Wäldern
- blaue, grüne, graue und braune Tücher zur Darstellung von Seen, Wiesen, Bergen und Erde
- Pappstreifen für den Bau von Straßen

Bestimmt haben die Kinder noch weitere Ideen, welche Materialien für die Gestaltung benötigt werden. Über der Spiellandschaft hängen Sie die Flugzeuge auf.

Schon allein das Gestalten dieser Landschaft wird die Kinder zum Spielen anregen. Achten Sie darauf, dass die Kinder die Landschaft nach dem Spielen stets aufräumen, damit der Aufforderungscharakter für ein neues Spiel erhalten bleibt.

Unser Reisebüro

Gestalten Sie mit den Kindern eine Ecke des Gruppenraums zu einem kleinen Reisebüro um. Hier können sich die Kinder auf ihre Reise quer durch Europa vorbereiten, über zurückliegende Reiseerlebnisse nachdenken und von neuen Reisezielen träumen. Neben bequemen Sitzmöglichkeiten sollten an diesem Ort möglichst viele Prospekte, Landkarten, Fotos und Bücher zu jeweils den Ländern ausliegen, die Sie gemeinsam bearbeiten wollen.

Dekoration für unser Reisebüro

Damit bei den Kindern die Reiselust geweckt wird und sie sich ein Bild von den verschiedenen europäischen Ländern machen können, dekorieren sie ihr Reisebüro mit Bildern von ihren Reisezielen. In den ausliegenden Reiseprospekten suchen sie nach Abbildungen, die sie besonders beeindrucken. Die interessantesten Bilder dürfen sie ausschneiden und aufhängen.

Bücher selbst gemacht

Eine ausführliche Beschreibung zum Selbermachen von Büchern finden Sie in der PeP-Mappe »Rund ums Bilderbuch« auf Seite 21.

Flaggen aus Kreppkugeln

Um so richtig in Reisestimmung zu kommen, schmücken die Kinder ihr Reisebüro mit vielen bunten Landesflaggen. Sie brauchen hierfür:

- Vorlagen der europäischen Flaggen
- Krepppapier in vielen Farben
- festes Papier
- Kleber
- Bleistifte

Jedes Kind erhält für seine Flagge ein rechteckiges Stück Papier. Darauf malt es mit Bleistift die Flagge von seinem europäischen Lieblingsland auf. Nach dieser Vorbereitung reißen die Kinder das Krepppapier in kleine Stücke, formen es zu Kugeln und kleben diese auf ihre Vorlage.

Wir gestalten einen Reiseführer

Zur Dokumentation ihrer Erkenntnisse und Erlebnisse in ihrem Lieblingsland gestalten die Kinder einen kleinen Reiseführer. In diesem Büchlein können sie all das festhalten, was ihnen besonders wichtig erscheint. Lassen Sie die Kinder ihre Reiseführer nach ihren Vorstellungen gestalten und ihre Büchlein mit selbst gemalten Bildern, ausgeschnittenen Katalogfotos, eigenen Urlaubsfotos, gesammelten Mitbringseln und Naturmaterialien füllen. Helfen Sie ihnen nur, wenn sie nicht weiter wissen oder um Hilfe bitten.

Lesezeichen

Damit die Kinder ihre Lieblingsziele in den Reiseprospekten oder in ihrem Reiseführer schnell wiederfinden, brauchen sie Lesezeichen. Schneiden Sie bunten oder weißen Tonkarton in 6 x 16 Zentimeter große Streifen. Den Karton bemalen die Kinder mit verschiedenen Flaggen. Mit dem Locher stanzen sie dann etwa 1 Zentimeter oberhalb vom unteren Rand ein Loch, an dem sie bunte Wollfäden befestigen. Zum Schluss überziehen Sie das Lesezeichen mit selbstklebender Folie, damit es geschützt ist.

Reisepass einmal anders

Kinder sind begeisterte Sammler. Nutzen Sie dieses Interesse und gestalten Sie mit ihnen Reisepässe, die Sie ihnen zu Beginn des Projekts feierlich überreichen. Bei jeder »Ein-« und »Ausreise« erhalten die Kinder einen Stempel mit Unterschrift und malen die passende Landesfahne dazu. Damit kein Ausweis verloren geht, werden die Pässe nach jeder Erkundungstour eingesammelt. Am Ende des Projekts darf jedes Kind seinen Ausweis behalten und nach Hause mitnehmen.

Gestalten Sie zunächst eine Kopiervorlage für den Umschlag und alle Innenseiten. Besonders wichtig sind die Seiten mit den persönlichen Angaben des Passinhabers: Vorname, Familienname, Geburtstag, Geburtsort, Augenfarbe, Körpergröße, Unterschrift, Ausstellungsort, Stempel und Ausweisnummer. Besonders schön wird der Pass, wenn die Kinder noch ein Foto einkleben. Vielleicht haben Sie sogar die Möglichkeit, diese Seiten zu laminieren. Die weiteren Seiten bleiben zunächst leer, denn sie werden für die Reisestempel gebraucht. Dekorativ für den Umschlag wäre feste weinrote Pappe, sodass die Innenseiten geschützt sind und der Ausweis echt wirkt.

Reisepass für Haustiere

Ob Sie es glauben oder nicht, aber seit 2004 gibt es für Haustiere einen beinahe europaweit gültigen Reisepass, in welchem Impfungen eingetragen sein müssen. Ein Ansichtsexemplar gibt es im Internet: http://europa.eu.int/eur-lex/pri/de/oj/dat/2003/l_312/l_31220031127de00010013.pdf

Urlaubswandbilder

Bitten Sie die Kinder kleine Naturmaterialien zur Gestaltung von Wandbildern mitzubringen. Geeignet sind unter anderem Tannenzapfen, kleine Steine, Muscheln oder Pinienkerne. Sie benötigen außerdem:

- Gips
- Blumenuntersetzer

Rühren Sie den Gips gemäß den Vorgaben des Herstellers an und verarbeiten Sie diesen mit den Kindern möglichst schnell. Die Kinder füllen eine 0,5 bis 1,5 Zentimeter dicke Schicht Gips in die Blumenuntersetzer. Anschließend drücken sie ihre mitgebrachten Naturmaterialien vorsichtig und gleichmäßig hinein. Außerdem stechen sie mit einer Stricknadel in den noch feuchten Gips ein Loch, durch das sie nach dem Trocknen einen Faden zum Aufhängen ihres Bildes ziehen. Ist das Kunstwerk nach einiger Zeit gut getrocknet, nehmen sie es aus dem Blumenuntersetzer. Während der Gips trocknet, fertigt jedes Kind ein kleines Schild an, das mit seinem Namen, der Landesflagge und dem Namen seines Urlaubslandes versehen ist. Zum Schluss suchen Sie gemeinsam mit den Kindern eine geeignete Wand, an der Sie die fertigen Kunstwerke aufhängen können und die zur Betrachtung der Bildergalerie einlädt.

Rollenspiel: Willkommen im Reisebüro

Die meisten Kinder lieben Rollenspiele. Nutzen Sie dieses Interesse und bauen Sie passend zum Projektthema in Zusammenarbeit mit den Kindern einen separaten Raum zu einem Reisebüro um (siehe hierzu auch Seite 18 bis 19). Sollte Ihnen kein ganzer Raum zur Verfügung stehen, können Sie auch eine gemütliche Ecke in Ihrem Gruppenraum gemeinsam mit den Kindern umbauen. Sammeln Sie ihre Ideen und Vorschläge zur Gestaltung und zu den Utensilien, die nach Meinung der Kinder benötigt werden. Auch bei der Umsetzung und Organisation der Materialien sollten sie aktiv mitwirken.

Besuch im Reisebüro

Damit die Kinder einen Eindruck von einem echten Reisebüro erhalten, organisieren Sie einen Kurzbesuch mit den Kindern bei einem Unternehmen in Ihrer Nachbarschaft. Bei der Gelegenheit können sich die Kinder alles genau ansehen. In Kleingruppen aufgeteilt haben sie allerdings einige Aufgaben zu lösen, die ihre ganze Beobachtungsfähigkeit, Kombinationsgabe und ihr Erinnerungsvermögen fordert. Am besten malen sie im Reisebüro ein Bild, damit sie ihre Beobachtungen später in der Gruppe genau beschreiben und nachspielen können:

- Was ist euch im Reisebüro als Erstes aufgefallen?
- Wo liegen die Prospekte aus?
- Was für Fotos hängen an den Wänden?
- Wie ist das Schaufenster dekoriert?
- Wo sitzen die Angestellten des Reisebüros?
- Welche Arbeitsgeräte und Materialien gibt es auf den Schreibtischen?
- Wie werden die Menschen beraten, die eine Reise buchen wollen?

Bitten Sie die Angestellten in dem Reisebüro um Prospekte von europäischen Reisezielen. Vielleicht können Sie sogar noch Dekorationsmaterialien erhalten, die nicht mehr benötigt werden.

Ein Reisebüro wird eröffnet

Bestimmt haben die Kinder bei ihrem Besuch im Reisebüro viele Erkenntnisse und Ideen gesammelt, die sie für ihr eigenes Reisebüro nutzen können. Für die Einrichtung benötigen sie:

- Beratungstisch mit Computer, Notizzetteln, Stiften und Prospekten von verschiedenen Ländern
- Tisch und Stühle mit Prospekten für Wartende
- Landkarte von Europa, Poster, Postkarten und Urlaubsfotos von verschiedenen Ländern zur Dekoration der Wände

Sobald das Reisebüro fertig eingerichtet ist, eröffnen Sie als Reisekauffrau feierlich das Reisebüro. Mit Keksen und Saft werden die Kinder willkommen geheißen. Dieses kleine Fest hat so starken Aufforderungscharakter, dass die Kinder das Rollenspiel begeistert mitmachen werden. Beginnen Sie gemeinsam mit einer Kollegin oder einem Kind das erste Beratungsgespräch. Die anderen Kinder nehmen im Wartebereich Platz und schauen genau zu. So erhalten sie einen Einblick und Anregungen, wie ein Gespräch ablaufen kann. Danach werden die Kinder mit Sicherheit gerne selbst ins Reisegeschäft einsteigen.

Puppenspiel: Kasper will verreisen

Für jüngere Kinder eignet sich als Einstieg in das Projektthema ein Kaspertheater besonders gut. Der Kasper lenkt die Aufmerksamkeit der Kinder auf das Thema und weckt so ihr Interesse.

Theaterbühne

In den meisten Einrichtungen ist eine Theaterbühne vorhanden. Sollten Sie keine Bühne besitzen, können Sie sich mit ein paar geschickten Handgriffen behelfen. Für eine einfache, aber sehr wirkungsvolle Bühne benötigen Sie nur eine Tür, drei Holzstangen, zwei Stoffvorhänge und ein selbst gemaltes Bühnenbild. Eine der Stangen ist für den oberen Vorhang und wird im Raum direkt über dem Türrahmen befestigt. Die zweite Stange hält einen weiteren Vorhang, der bis auf den Boden reicht, damit Sie hinter der Bühne unerkannt bleiben. Er wird im Raum in der Mitte des Türrahmens angebracht. Die dritte Stange ist für das Bühnenbild und wird auf der Außenseite oberhalb vom Türrahmen befestigt. Damit Sie das Bühnenbild austauschen können, sollten Sie diese Stange mit einem schmalen Stoffstreifen verkleiden und darauf zuvor ein Klettklebeband nähen. Die Rückseiten der Bühnenbilder versehen Sie dann ebenfalls mit Klettklebebändern. Sie sollten das Bühnenbild jedoch möglichst schlicht halten und als Hintergrund lediglich ein einfarbiges Laken verwenden, damit die Kinder nicht abgelenkt werden und während des Spiels ihrer eigenen Fantasie freien Lauf lassen können. Für die Gestaltung der Bühne gilt also eine Reduzierung auf das absolut Unentbehrliche. Falls Sie Zubehör verwenden möchten, benötigen Sie lediglich:

- 1 kleinen Koffer
- 1 kleinen gefüllten Strumpf
- Reiseprospekte

Die Geschichte: Kasper will verreisen

Der Vorhang ist zugezogen.

Kasper: *(singend)* Tri tra trullala, Kasperle ist wieder da. Hoffentlich sind die Kinder da, die müssen mir unbedingt helfen. Kinder, seid ihr alle da?

Kinder: Ja!

Kasper tritt vor den Vorhang und zieht einen kleinen Koffer hinter sich her.

Kasper: Hallo Kinder. Schön, dass ihr da seid! Guckt mal, was ich hier mitgebracht habe. Wisst ihr, was das ist? *(Wartet die Antwort der Kinder ab.)* Richtig, es ist ein Koffer. Ratet mal, was ich vorhabe.

Kinder: Du willst verreisen.

Kasper: Schon wieder richtig. Ich will verreisen und bin ganz aufgeregt, denn es ist das allererste Mal. Kinder, ihr seid doch ganz schlau. Bestimmt wisst ihr, wie das Land heißt, in dem wir leben, oder?

Kinder: Deutschland!

Handpuppen und Kulissenbau

Eine ausführliche Anleitung zum Selbermachen von Handpuppen und Theaterkulissen finden Sie in der PeP-Mappe »Drachen und Dinosaurier« auf Seite 15.

Kasper: Stimmt, unser Land heißt Deutschland. Aber es gibt ja soooo viele andere Länder. Kennt ihr welche?
(Antworten der Kinder abwarten.) Habt ihr auch schon einmal eine Reise gemacht? Wohin seid ihr gereist.
Kinder berichten über ihre Reiseorte.
Kasper: Das hört sich ja interessant an. Toll, wo ihr schon wart. Ich weiß noch gar nicht, wohin ich eigentlich reisen will. Es gibt ja so viele Orte, die ich gern mal sehen möchte.
Seppel betritt die Bühne.

Seppel: Hallo Kasper. Oh, was hast du denn vor?
Kasper: *(stolz)* Ich will verreisen!
Seppel: Wohin willst du denn? Zur Großmutter?
Kasper: Nein, ich will richtig verreisen. So richtig weit weg. Vielleicht sogar in ein anderes Land!
Seppel: *(beeindruckt)* Toll! Und wohin möchtest du reisen?
Kasper: Das weiß ich auch noch nicht so genau. Hm, ... Vielleicht fahre ich ans Meer. Da kann ich baden gehen und Muscheln am Strand suchen oder Sandburgen bauen. Kinder, war jemand von euch schon mal dort?
Kinder berichten über ihre Erfahrungen.
Kasper: Ich hätte auch Lust, auf Berge zu klettern, über Wiesen zu wandern oder durch Wälder zu streifen. Wart ihr dort auch schon mal?
Kinder berichten wieder über ihre Erfahrungen.
Seppel: Toll, was ihr schon alles gesehen habt. Ich kenne mich da gar nicht aus. Ich weiß nur, dass in Italien alle gern Gyros essen und in Griechenland lieben sie Spagetti und Pizza und ...
Kasper: Nein, nein Seppel. Kinder, was meint ihr?
Antworten der Kinder abwarten und darauf aufbauen.
Kasper: Seppel, das hast du durcheinander gebracht. Es ist genau umgekehrt! Spagetti und Pizza gibt es Italien, Gyros ist eine Spezialität aus Griechenland. Mmmh, das ist alles so lecker.
Seppel: Gut, gut. Ich versuch noch mal, ob ich etwas weiß. Also: Der Eiffelturm steht in Spanien, der Prater ist in Polen, der Big Ben ist eine Sehenswürdigkeit in Dänemark.
Kasper: Seppel, stopp! Kinder, helft doch noch mal mit!
Antworten der Kinder abwarten und darauf aufbauen.
Kasper: Du kommst schon wieder durcheinander. Der Eiffelturm steht nicht in Spanien, sondern in Paris und somit in Frankreich. Der Prater ist in Wien. Das ist in Österreich und nicht in Polen. Und der Big Ben steht natürlich in London, also in England.
Seppel: Okay, ich gebe es ja zu. So gut wie du kenne ich mich nicht aus. Hast du denn alles, was du für eine Reise brauchst?
Kasper: Klar. In meinen Koffer hab ich alle meine Sachen eingepackt, die ich brauche. Eine zweite Zipfelmütze, Pullover, Hosen ...
Seppel: Aber zum Verreisen brauchst du doch auch Geld. Hast du welches?
Kasper: Ja, Geld habe ich auch. *(Holt einen gefüllten Strumpf hervor.)* Hier ist mein Sparstrumpf. Puh, ist der schwer. Darin habe ich mein ganzes Geld gespart. Ich habe es gestern gezählt. Es ist so viel, dass ich den Urlaub damit bezahlen kann. Komm Seppel, lass uns mal ein paar Reiseprospekte holen. Vielleicht kannst du mir ja bei der Entscheidung helfen.
Seppel: Willst du deinen Sparstrumpf nicht mitnehmen?
Kasper: Nein, den lasse ich hier bei den Kindern. Der ist viel zu schwer, um ihn mitzuschleppen. Kinder, passt ihr darauf auf? Wir sind gleich wieder da.
Kinder: Ja!
Kasper und Seppel verlassen die Bühne.

Tiefes, leises Lachen ist zu hören. Der Räuber schleicht sich auf die Bühne.
Räuber: Haha, wenn das heute nicht mein Glückstag ist. Da ist ja der Sparstrumpf, von dem Kasper gesprochen hatte. Lässt er einfach sein ganzes Geld so liegen. Oh, da sind ja Kinder. Psssst, Kinder nichts verraten! Ich stehle es nicht. Ich habe es ja gefunden und somit gehört es mir. Also, bloß nicht nach Kasper rufen.
Kinder werden sehr wahrscheinlich den Kasper rufen.
Räuber: Nicht! Pst!
Kasper antwortet hinter der Bühne.
Kasper: Was ist denn los? Ich komme!
Räuber: Ach herrje. Ich muss weg. Ich werde mich verstecken! Den Strumpf nehme ich mit ... Puh, ist der schwer. Damit kann ich gar nicht schnell genug weglaufen. Am besten verstecke ich mich hier.
Der Räuber setzt sich an eine Ecke der Bühne. Ist aber für die Kinder noch sichtbar.

Kasper und Seppel kommen zurück auf die Bühne. Sie haben ein paar Reiseprospekte mitgebracht. Die Kinder berichten Kasper von dem Diebstahl.
Kasper: Was? Mein Sparstrumpf ist weg? Der Räuber hat ihn einfach mitgenommen? Oh nein, wenn der Räuber mein ganzes gespartes Geld gestohlen hat, kann ich gar nicht mehr verreisen. Kinder, könnt ihr mir helfen, damit ich meinen Sparstrumpf wiederbekomme?
Kinder: Ja!
Kasper: Danke, Kinder. Als Erstes rufen wir jetzt mal ganz laut nach dem Wachtmeister.

Kinder: Wachtmeister! Wachtmeister!
Polizist: Ja, wer ruft mich? Oh, Kasper und Seppel. Ihr seid ja ganz aufgeregt, was ist denn passiert?
Kasper: Die Kinder haben gesehen, wie der Räuber meinen Sparstrumpf gestohlen hat.
Polizist: Kinder, habt ihr gesehen, wohin der Räuber geflüchtet ist?
Die Kinder zeigen das Versteck.
Polizist: Pst, ihr müsst jetzt alle ganz leise sein. Ich schleich mich ran und werde den Räuber verhaften.

Der Polizist nähert sich schleichend dem Versteck. Sobald er den Räuber sieht, stürzt er sich auf ihn und hält ihn fest.
Polizist: Ergib dich. Ich habe dich erwischt!
Räuber: So ein Ärger. Diese Kinder! Bestimmt haben sie mich verraten! Ohne sie wäre ich schon längst über alle Berge verschwunden.
Polizist: Tja, Pech gehabt. Gut, dass die Kinder so wachsam sind. Das Geld gehört Kasper und er bekommt es sofort zurück. Du wirst eine Zeit lang eingesperrt, damit du nicht noch mehr Unsinn machst.
Der Polizist führt den Räuber ab.

Danach nimmt der Polizist den Sparstrumpf und geht damit zu Kasper und Seppel.
Polizist: Hier, Kasper, dein Sparstrumpf. Hier hast du ihn wieder.
Kasper: Oh danke, Herr Wachtmeister. Ich bin ja so froh.
Polizist: Glücklicherweise haben die Kinder gut aufgepasst. Sonst wäre dein Geld jetzt weg. Du darfst doch niemals Geld irgendwo liegen lassen, Kasper! Und noch dazu so viel!
Kasper: Ja, das war falsch! Ich dachte, es wird nichts passieren, weil ich doch nur mal ganz kurz mit Seppel etwas holen wollte. So unvorsichtig bin ich bestimmt nicht wieder.
Polizist: Gut, Kasper! Ich muss nun weiter. Tschüss, Kasper, tschüss Seppel und tschüss Kinder.
Alle verabschieden sich vom Polizisten.

Kasper hält seinen Sparstrumpf in den Händen.
Kasper: Danke, Kinder. Nun kann ich endlich meine Reise planen.
Seppel: Weißt du was, Kasper? Ich komme mit! Lass uns zusammen verreisen. Wir passen dann gegenseitig aufeinander auf.
Kasper: Oh, Seppel. Das ist eine tolle Idee. Zu zweit ist es sowieso viel schöner. Doch wohin wollen wir nur?
Seppel: Lass uns mal in den Reiseprospekten nachschauen.
Kasper und Seppel blättern die Prospekte durch. Hin und wieder zeigen sie auf ein Urlaubsziel, aber einer von beiden lehnt immer ab.
Seppel: Guck mal, Kasper, was hältst du denn von dem hier?
Kasper: Das ist es. Da fahren wir hin. Kinder, wisst ihr, wohin wir fahren?
Kinder: Nein!
Seppel: Wir fahren nach Italien.
Kasper: Ja, ans Meer. Dort können wir den ganzen Tag am Strand und im Wasser spielen.
Seppel: Und sogar Berge gibt es dort ganz in der Nähe. Wenn wir Lust haben, machen wir einen Ausflug dorthin und klettern auf einen Berg.
Kasper: Ich freue mich schon auf das Essen. Jeden Tag Spagetti und Pizza. Kinder, war jemand von euch mal in Italien?
Antworten abwarten und darauf eingehen.
Kasper: Komm, Seppel. Lass uns schnell unsere Koffer packen.
Seppel: Gut, Kasper. Je mehr wir uns beeilen, desto schneller können wir verreisen.
Kasper und Seppel: Tschüss Kinder.
Kasper und Seppel winken und gehen. Der Vorhang wird geschlossen.

Lieder

Pizzalied

Text und Musik: Frederik Vahle, ©Aktive Musik, Dortmund

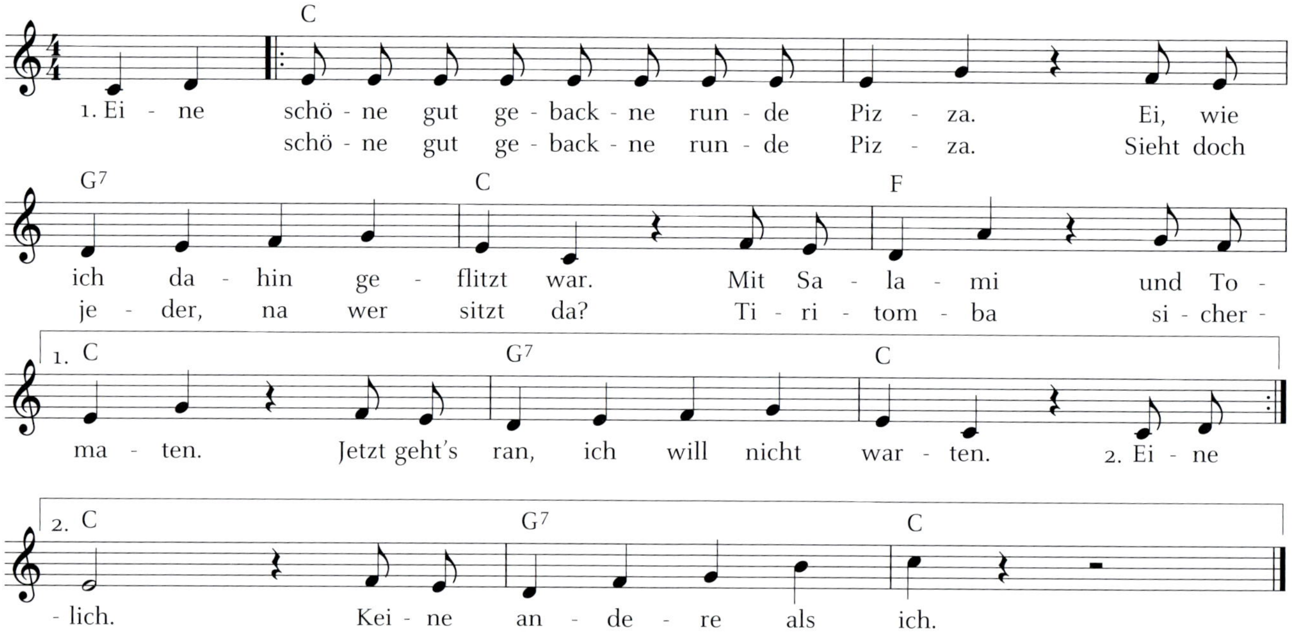

1. Eine schöne, gut gebackne runde Pizza.
Ei, wie ich dahin geflitzt war.
Mit Salami und Tomaten.
Jetzt geht's ran, ich will nicht warten.

2. Eine schöne, gut gebackne runde Pizza.
Sieht doch jeder. Na, wer sitzt da?
Tiritomba sicherlich.
Keine andere als ich.

Ich will dich wieder sehn

Text: Rolf Krenzer, Dillenburg
Musik: KiMu – KinderMusik Verlag GmbH, Am Wetzelsberg 3, 45219 Essen

1. Arrivederci und bye bye!
Adieu! Schau wieder mal vorbei!
Hasta la vista noch und tschüss!
Das eine ist gewiss:

Refrain:
Ich will dich wiedersehen, wiedersehen.
Auf Wiedersehen! Es war, es war so schön!

2. I see you later und ade!
Adios! Servus! Und Ole!
Noch Sayonara! Mahlzeit! Moin!
Es kann nicht anders sein.

Refrain

3. Hau endlich ab! Mach's gut! Schalom!
Nu pfüat di! Hello! Und So long!
Leb' wohl! Salut! Bis bald! Tschau, tschau!
Wir wissen ganz genau.

Refrain

4. Gehab dich wohl! Zieh Leine! Geh!
Verschwinde jetzt! Aloahe!
Hey, Jambo! Kiek mal wedder in!
Wir singen wie vorhin!

Refrain

Spielidee: Dieses Lied eignet sich als Abschlusslied für den Tag oder ein Fest. Ebenso lässt es sich singen, wenn die Schulanfänger aus der Einrichtung entlassen werden. Den Kindern macht es sicher besonderen Spaß, wenn sie sich dabei gegenseitig die Hände reichen oder sich zuwinken.

Mitmachgeschichten

Ausflug in verschiedene Länder

Die Kinder stehen im Kreis zusammen und führen passend zum Text die Bewegungen aus. Erzählen Sie die Geschichte und machen Sie die jeweiligen Bewegungen vor, damit die Kinder diese nachahmen können.

Wir leben hier in einem Land, das wird von uns ... *(Deutschland)* genannt.	*Lassen Sie die Kinder den fehlenden Begriff erraten.*
Es gibt hier Berge, die laden zum Klettern und Skifahren ein.	*Die Kinder erklimmen die Berge und fahren mit Ski hinunter.*
Es gibt auch Seen und Meere, in die springen wir gerne hinein.	*Sie hüpfen ins Meer und plantschen.*
Wir können hier so vieles machen, aber auch in anderen Ländern warten interessante Sachen. Holt die Koffer aus den Ecken und lasst uns die Länder zusammen entdecken.	*Jeder greift zur Seite, nimmt einen unsichtbaren Koffer, stellt ihn vor sich hin und packt ein paar imaginäre Sachen hinein.*
Achtung, Achtung, dreht euch dreimal im Kreise. Und schon beginnt unsere große Reise.	*Alle drehen sich an ihrem Platz dreimal im Kreis herum.*
Schwupps, gerade kommen wir in England an, wo man Schlösser und die Königsfamilie bewundern kann.	*Die Kinder halten ihre gestreckten Hände wie eine Krone am Kopf. Die gespreizten Finger zeigen wie Kronenzacken nach oben.*
In Spanien gehen wir gern an den Strand.	*Alle gehen auf der Stelle spazieren.*
In Italien essen wir Pizza aus der Hand.	*Alle halten eine imaginäre Pizza in der Hand, die sie genüsslich verspeisen.*
In Irland üben wir das Tanzen.	*Alle tanzen.*
In Griechenland werden wir einen Olivenbaum pflanzen.	*Alle hocken sich auf den Boden, buddeln ein Loch, heben vorsichtig ein imaginäres Olivenbäumchen hinein und schütten das Loch mit Erde zu.*
In Holland beobachten wir, wie die Windmühlen sich drehen.	*Die Kinder strecken ihre Arme hoch und lassen diese kreisen.*
In Frankreich wollen wir den Eiffelturm sehen.	*Alle stellen sich breitbeinig hin. Die Arme sind gestreckt nach oben. Die Handflächen berühren sich.*
In Dänemark gehen wir am Strand Muscheln suchen.	*Die Kinder spazieren auf der Stelle, bücken sich ab und zu, um eine Muschel aufzuheben, begutachten sie und spazieren weiter.*
In Schweden probieren wir leckeren Kuchen.	*Jeder beißt in ein unsichtbares Stück Kuchen.*
Nun geht's wieder zurück nach Haus, dreht euch wieder dreimal um und unsere Reise ist aus.	*Alle drehen sich an ihrem Platz dreimal herum.*

Tom packt seine Reisetasche

Diese Mitmachgeschichte eignet sich gut für eine Gruppe von zehn Kindern. In eine Reisetasche legen Sie folgende Utensilien:

- 1 Spielzeugauto
- 1 Sonnenbrille
- 1 Handtuch
- 1 Sonnencreme
- 1 Sandeimer
- 1 Schaufel
- 1 Badehose
- 1 Sonnenhut
- 1 Paar Schwimmflügel
- 1 Buch

Die Kinder sitzen auf dem Boden im Kreis zusammen. Bevor Sie die Geschichte erzählen, geben Sie die gepackte Reisetasche herum. Durch Ertasten sollen die Kinder jeweils einen der Gegenstände erraten. Stimmt die Lösung, dürfen sie sich diesen herausnehmen und vor sich auf den Boden legen. Sind alle Gegenstände ausgepackt, beginnen Sie zu erzählen. Die Kinder müssen nun genau zuhören und aufpassen, denn sobald Sie einen der ausliegenden Gegenstände nennen, muss das Kind, das den genannten Gegenstand vor sich liegen hat, aufstehen und einmal in die Luft springen. Dann setzt es sich wieder hin und Sie erzählen weiter.

Die Geschichte: *Endlich ist Urlaubszeit. Viele Menschen freuen sich, denn nun können sie verreisen. Auch Tom fährt dieses Jahr mit seinen Eltern in den Urlaub. Sie wollen mit dem* ***Auto*** *ans Meer fahren. Seine Mutter packt schon die Koffer. Tom überlegt, was er unbedingt mitnehmen muss. Er schaut sich in seinem Zimmer um. Da entdeckt er den* ***Sandeimer*** *und die* ***Schaufel.*** *Die will er auf jeden Fall mitnehmen, damit er ordentlich im Sand buddeln kann. Also legt er sich die beiden Sachen schon einmal zur Seite. Ins Meer will er auch. Er will plantschen und im Wasser spielen. Tom kramt in seiner Schublade nach seiner* ***Badehose.*** *Da entdeckt er seine* ***Schwimmflügel.*** *Die braucht er auch. Endlich findet er seine* ***Badehose*** *und legt sie mit den* ***Schwimmflügeln*** *auf seinen Urlaubsstapel. Während er eifrig beim Suchen ist, hört er seine Mutter rufen: »Tom, hast du meine* ***Sonnenbrille*** *und die* ***Sonnencreme*** *gesehen?« Tom will gerade verneinen, da fällt ihm ein, dass sowohl die* ***Sonnenbrille*** *als auch die* ***Sonnencreme*** *im Badezimmer liegen. Bevor er seiner Mutter antworten kann, steht sie in seinem Zimmer und sagt: »Prima, dass du deine Sachen selbst einpackst. Oh, sogar an den* ***Sandeimer*** *und die* ***Schaufel*** *hast du gedacht! Such bitte auch deinen* ***Sonnenhut*** *raus. Ach ja, und vergiss dein* ***Badehandtuch*** *nicht. Vielleicht nimmst du dir noch ein* ***Buch*** *mit, damit du während der Fahrt etwas zum Ansehen hast. Wir werden nämlich einige Stunden mit dem* ***Auto*** *unterwegs sein.« Tom nimmt ein* ***Handtuch*** *aus dem Schrank und greift nach dem* ***Sonnenhut,*** *der in einer Schublade verstaut ist. Nun braucht er nur noch ein* ***Buch.*** *Die Entscheidung fällt ihm nicht schwer. Er wählt sein momentanes Lieblings****buch*** *aus. Es heißt »Urlaub am Meer«. So, nun müsste Tom alle Sachen haben. Er blickt auf den großen Stapel und zählt noch mal alles auf, was er entdeckt: „Meine* ***Badehose,*** *meine* ***Schwimmflügel,*** *ein* ***Handtuch,*** *den* ***Sandeimer,*** *die* ***Schaufel,*** *meinen* ***Sonnenhut*** *und mein* ***Buch.***" *Toms Mutter betritt erneut das Zimmer. In der Hand hat sie eine kleine Tasche. Dort packt sie Toms Sachen hinein. Tom sieht, dass sie scheinbar die* ***Sonnenbrille*** *und die* ***Sonnencreme*** *gefunden hat. Die* ***Sonnenbrille*** *steckt in ihrem Haar und die* ***Sonnencreme*** *in ihrer Hosentasche. Nach kurzer Zeit sind alle Sachen fertig gepackt. Der Vater verstaut alles im* ***Auto.*** *Nur noch einmal schlafen, denkt Tom, dann ist es endlich soweit. Er freut sich schon sehr auf den Urlaub. In der Nacht träumt Tom dann tatsächlich von seiner Reise ans Meer.*

Bewegungsspiele

Souvenirs, Souvenirs

Legen Sie zu Beginn des Spiels verschiedene Gegenstände im Raum aus. Wichtig ist hierbei, dass diese Souvenirs aus verschiedenen Materialien wie Holz, Stoff, Papier, Gummi, Pappe, Metall, Glas, Plastik oder Stein hergestellt sind und einen Bezug zum Projektthema haben. Geeignet sind unter anderem:

- Reiseführer, Prospekte und Postkarten
- Figuren von landestypischen Personen
- Miniaturmodelle von Sehenswürdigkeiten
- Muscheln und Seesterne
- Glasperlen, Armbänder, Kettchen, Gürtel
- Spazierstock, Wollschal, Taucherbrille

Die Kinder gehen auf die Reise und sollen möglichst viele Andenken mitbringen. Allerdings dürfen sie bei jeder Spielrunde nur solche Souvenirs mitbringen, die aus dem genannten Material bestehen. Bitten Sie beispielsweise »Bringt von eurer Reise alle Andenken mit, die aus Stein sind!«, müssen die Kinder so schnell wie möglich loslaufen und die passenden Gegenstände holen. Entscheiden Sie im Vorfeld, ob die Gesamtgruppe loslaufen soll oder immer nur ein Kind. Wenn die Kinder im Reisen geübt sind, erschweren Sie das Spiel und nennen Sie mehrere Materialien gleichzeitig.

Variation: Verdecken Sie alle Gegenstände mit einem großen Tuch. Die Kinder dürfen weder darunter schauen noch das Tuch hochheben. Durch Erfühlen müssen sie das gesuchte Material finden und die passenden Gegenstände bringen.

Länderstopptanz

Legen Sie fünf Matten im Raum aus und bestücken Sie diese mit selbst gemalten Flaggen von fünf europäischen Ländern. Zur Einstimmung auf das folgende Spiel nennen Sie den Kindern die dazugehörigen Länder und erzählen ihnen von einem landestypischen Merkmal. So können sich die Kinder die Zugehörigkeit der Flaggen besser merken. Nach dieser Vorbereitung lassen Sie schwungvolle Tanzmusik laufen, zu der sich die Kinder durch den Raum bewegen. Sobald Sie die Musik stoppen und eines der Länder nennen, rennen alle so schnell wie möglich zu der jeweiligen Matte. Dort müssen sie eine bestimmte Bewegung ausführen, die Sie mit den Kindern im Vorfeld vereinbaren:

- Holland: Windmühlen – mit den Armen kreisen
- Italien: Spagetti – pantomimisch Spagetti essen
- Spanien: Meer – Schwimmbewegungen machen
- Finnland: Schnee – pantomimisch Schnee schippen
- Island: Fischer – pantomimisch die Fangnetze einholen

Das Kind, das als Letztes die Matte erreicht, scheidet aus. Es gewinnt das Kind, das in der letzten Runde als Erstes auf der Matte ist.

Variation: Statt Flaggen legen Sie Fotos von Sehenswürdigkeiten aus fünf europäischen Ländern auf die Matte, zum Beispiel Bilder vom Eiffelturm für Frankreich, vom Berliner Reichstag für Deutschland, mit einem Elch für Schweden, von der Akropolis für Griechenland oder vom Prater für Österreich.

Deutschland – Frankreich

Bereiten Sie eine Pappscheibe vor, die auf einer Seite eine Deutschlandflagge und auf der anderen Seite eine Frankreichflagge zeigt – natürlich können Sie auch die Flaggen anderer Länder wählen. Stecken Sie ein zirka 15 Meter langes Lauffeld ab. Teilen Sie die Kinder in zwei gleich große Gruppen ein, die sich in der Mitte des Spielfeldes in zwei langen Reihen aufstellen. Dabei stehen sie Rücken an Rücken, wobei der Abstand zwischen ihnen etwa ein Meter betragen sollte. Eine Gruppe ist die Deutschlandmannschaft, die andere die Frankreichmannschaft. Werfen Sie nun die Scheibe in die Luft. Zeigt sie die Deutschlandfahne, laufen die Kinder der Deutschlandmannschaft los und fangen die Kinder der Frankreichmannschaft. Diese können sich nur retten, indem sie an das Ende des Lauffeldes gelangen, ohne abgeschlagen zu werden. Wer gefangen wird, scheidet aus und setzt sich an den Rand des Spielfeldes. Dann beginnt die nächste Runde und Sie werfen die Scheibe erneut in die Luft. Nach mehreren Runden hat die Mannschaft verloren, von der die meisten oder alle Kinder gefangen wurden und am Spielrand sitzen.

In der Luft ist viel los

Die Kinder gleiten wie Flugzeuge durch den Raum, indem sie mit ausgebreiteten Armen herumgehen. Dabei müssen sie allerdings darauf achten, dass sie genügend Abstand zu den anderen Flugzeugen halten. Auf keinen Fall dürfen sich die Flugzeuge berühren. Um das Spiel spannender zu gestalten, geben Sie mit einem Tamburin oder einer Handtrommel die Bewegungen vor. Sie können auch Musik im Hintergrund laufen lassen, während Sie folgende Spielmöglichkeiten vorgeben:

- Die Kinder fliegen hintereinander her. Das erste Kind gibt die Bewegungen vor, die alle anderen mitmachen müssen. Es startet und fliegt immer höher, dann fliegt es eine Rechts- oder eine Linkskurve, macht eine Drehung, springt durch ein Luftloch, rumpelt durch eine Wolkenwand und landet schließlich am Ende in der Reihe. Nun startet das nächste Flugzeug.
- Teilen Sie die Kinder in fünf Gruppen ein und geben Sie dem ersten Kind jeder Gruppe ein andersfarbiges Band. Die Kinder spielen die Piloten. Sie selbst übernehmen die Rolle des Fluglotsen, der den Flugzeugen die Landeerlaubnis erteilt. Sobald Sie ein oder mehrere farbige Bänder hoch halten, müssen sich die Kinder der jeweiligen Farbe hinsetzen. Danach dürfen sie wieder starten.
- Teilen Sie die Kinder in fünf Gruppen ein. Vier Gruppen spielen gelandete Flugzeuge. Die fünfte Gruppe umfliegt die anderen Kinder, indem sie vorsichtig um sie herumlaufen, ohne sie zu berühren. Danach wechseln die Gruppen.

Tipp: Bei diesen Spielen können die selbst gebastelten Flugzeuge zum Einsatz kommen (siehe Seite 16).

Mit dem Flugzeug unterwegs

Legen Sie vor Beginn des Spiels große Matten auf den Boden und kennzeichnen Sie diese mit Länderflaggen (siehe Seite 28). Jede Matte stellt ein Land dar, das von den Flugzeugen angeflogen werden kann. Nachdem die Kinder wissen, wo welches Land liegt, kann das Spiel beginnen. Alle Kinder fliegen wie Piloten mit ihren Flugzeugen im Raum umher. Wenn Sie als Fluglotse durchgeben, dass alle in Deutschland landen sollen, müssen die Kinder so schnell wie möglich auf die richtige Matte laufen. Wenn Sie zwei Ländernamen nennen, dürfen die Kinder selbst entscheiden, wo sie landen wollen. Bringen Sie nach einigen Flugrunden etwas mehr Spannung in das Spiel und führen es nun als Ausscheidungsspiel durch.

Rundreise durch Europa

Planen Sie zum Abschluss der Projektwochen ein Fest zum Thema »Rundreise durch Europa«. Da die Kinder ihre Ergebnisse und Erlebnisse sicherlich stolz ihren Eltern, Großeltern und Freunden präsentieren möchten, dürfen sie diese einladen. Je nachdem, ob Sie sich mit den Kindern für ein bestimmtes Land oder mehrere Länder als Motto entscheiden, werden die Räumlichkeiten dekoriert.

Wir planen ein Fest

Die Kinder dürfen stolz auf das sein, was sie geleistet haben und wollen dies natürlich auch zeigen. Gemeinsam mit Ihnen dürfen sie nun ein kleines Fest organisieren. Befragen Sie die Kinder, was ihrer Meinung nach zu diesem Fest gehören sollte. Sicher haben sie schon erste Erfahrungen als Gastgeber gesammelt, zum Beispiel bei ihrer Geburtstagsfeier oder einem früheren Fest in der Einrichtung. Während die Kinder sich in der Rolle als Gastgeber üben, stehen Sie ihnen als Berater und Manager zur Seite.

Länderecken

Richten Sie in Ihrer Einrichtung verschiedene Räume oder Ecken im landestypischen Stil ein. Aus buntem Krepppapier gestalten die Kinder Bänder, die die Nationalfarben der Gastländer zeigen. Auch die Tischdekoration ist in den jeweiligen Farben einfach herzustellen und dennoch sehr wirkungsvoll. Die Gäste werden zuerst in das Land gebeten, in dessen Sprache sie begrüßt worden sind.

Einladungskarten mit bunten Flaggen

Damit die eingeladenen Gäste von dem Fest erfahren und pünktlich kommen, müssen sie informiert werden. Mit einer persönlichen Einladung teilen ihnen die Kinder mit, dass sie bei diesem Fest herzlich willkommen sind. Überlegen Sie mit den Kindern, wen sie gern auf ihrem Fest begrüßen möchten. Gestalten Sie mit den Kindern bunte Einladungen, die mit den Flaggen der verschiedenen Länder geschmückt sind.

Reiseleiter

Bereiten Sie für das Fest eine besondere Jacke vor, die mit bunten Fähnchen und Wappen geschmückt ist. Sie können auch ein altes weißes Hemd nehmen, das von den Kindern entsprechend bemalt wird. Wer den Reiseleiter spielen darf, entscheiden Sie vor dem Fest gemeinsam mit den Kindern – es dürfen auch mehrere die Rolle eines Reiseleiters übernehmen und die Gäste durch die Lande führen. Dabei erklären sie, was sie in diesem Projekt alles schon entdeckt und auch gestaltet haben. Es ist natürlich auch möglich, dass alle Kinder ihren Eltern und Großeltern als Reiseleiter zur Seite stehen. In diesem Fall sollten jedoch alle Kinder als Reiseleiter zu erkennen sein und ein entsprechendes Hemd tragen.

Begrüßung

Während der Projektwochen bieten sich viele Möglichkeiten, die Kinder auf die vielen verschiedenen Sprachen Europas aufmerksam zu machen. Sicher werden sie Spaß daran haben, mit den fremden Sprachen zu experimentieren und vielleicht sogar eine Lieblingssprache zu entdecken. In dieser Sprache empfangen sie ihre Gäste. Dabei stehen nicht die vielen Sprachen im Vordergrund und es muss auch nicht jedes Kind eine andere Sprache wählen. Die Kinder sollen lediglich die Möglichkeit nutzen, ihren Gästen einen besonderen Empfang zu bereiten. Gestalten Sie ein großes Plakat, auf dem die gängigen Begrüßungsformeln in verschiedenen Sprachen und das dazugehörige Land zu lesen sind (siehe hierzu Seite 74). Auf diesem Plakat darf sich jeder Gast wie in ein Gästebuch eintragen. Alle Gäste tragen ihren Namen neben der Sprache ein, in der sie begrüßt worden sind.

Begrüßungsbuttons

Die Begrüßung ist damit, dass sich die Erwachsenen in einer Sprache ihrer Wahl auf einem Plakat eingetragen haben, noch nicht beendet. Gestalten Sie mit den Kindern zu jeder Begrüßungssprache kleine Buttons mit Fähnchen. Diese Buttons werden neben der Plakatwand auf einem dekorativ gestalteten Tisch ausgelegt und allen Gästen feierlich angesteckt.

Musikalische Rundreise

Da die Räumlichkeiten nach Ländern aufgegliedert sind, bietet sich eine musikalische Reise durch das Haus an. Gemeinsam mit Eltern und Kindern machen Sie eine Polonaise durch die Länder. Passend zu einer musikalischen Rundreise, singen alle ein mehrsprachiges Lied. So kann in jeder Länderecke die Strophe in der entsprechenden Sprache erklingen. Damit die Eltern auch kräftig mitsingen können, sollten Sie im Vorfeld dafür sorgen, dass sie die Texte der Lieder auch kennen (siehe hierzu Seite 44, 45 und 65). Laden Sie die Eltern bei den Vorbereitungen doch einfach mal zur Abschlussrunde etwas eher ein und singen Sie mit ihnen gemeinsam. Das erhöht die Vorfreude – besonders bei den Kindern.

Länderkekse

Backen Sie mit den Kindern im Vorfeld des Festes besondere Kekse, die sie mit Fahnen oder Wappen aus Zuckerfarben dekorieren. Besonders gut eignet sich hierfür ein einfacher Keksteig. Er ist relativ unempfindlich und lässt sich gut backen. Für zirka 60 Kekse brauchen Sie:

- 100 Gramm Butter
- 200 Gramm Zucker
- 2 Päckchen Vanillinzucker
- 2 Eier
- 400 Gramm Mehl
- 1/2 Päckchen Backpulver
- 1 Prise Salz
- Zuckerfarben in den Farben der Landesflaggen

Die Kinder rühren zunächst die Butter, den Zucker und die Eier schaumig. In dieses Gemisch geben sie die übrigen Zutaten. Jetzt geht es daran, den Teig gut durchzukneten. Dabei benötigen die Kinder eventuell Ihre Hilfe. Der Teig wird auf einem mit etwas Mehl bestäubten Tisch oder Backbrett mit einer Teigrolle ausgerollt. Rädern Sie den Teig mithilfe eines Teigrades in kleine Rechtecke, diese werden bei 160 bis 180 Grad hellgelb gebacken. Wenn die Plätzchen abgekühlt sind, dürfen die Kinder sie mit den Zuckerfarben verzieren.

Rund um unser Geld

Seit jeher faszinieren Münzen Jung und Alt. Schon in jüngeren Jahren wissen Kinder um die Bedeutung des Geldes als Zahlungsmittel und es macht ihnen Spaß, damit beim Einkauf zu bezahlen, ihre Spardose zu füllen und erste mathematische Aufgaben zu lösen.

Unsere Währung

Setzen Sie sich mit den Kindern zusammen und lassen Sie sich erzählen, was sie zum Thema Geld wissen. So erhalten Sie einen Einblick in die Vorkenntnisse der Kinder und können auf diesen Erfahrungen aufbauen. Schreiben Sie die Aussagen der Kinder auf, damit diese nicht verloren gehen und für die Dokumentation oder eine Wandzeitung genutzt werden können. Besprechen Sie mit den Kindern unter anderem die folgenden Fragen:

- Wozu brauchen wir Geld?
- Wie heißt unser Geld?
- Welche Euromünzen und -scheine kennt ihr?
- Sehen alle Münzen gleich aus? Wie unterscheiden sie sich?
- Wie sehen die Euroscheine aus?
- Können wir mit dem Euro auch in anderen Ländern bezahlen?
- Was ist eine Währung? Welche Währungen kennt ihr?
- Wie heißt die alte Währung, die in Deutschland noch vor wenigen Jahren gültig war?

»Yuroos« als Botschafter der neuen Währung

In den Bergen Australiens lebt eine weit verbreitete Känguruart, die von den heimischen Aborigines »Yuroo« genannt wird. Die späteren Kolonialherren aus England übernahmen die gesprochene Bezeichnung für diese Tiere und übersetzten sie in ihre Schriftsprache. So entstand vor etwa 100 Jahren der Begriff »Euro«.
Heute stehen die australischen Bergkängurus unserer gleichnamigen europäischen Gemeinschaftswährung als Maskottchen zur Seite und sollen ihre Akzeptanz stärken. Seit Mai 2001 gibt es im Kronberger Opel-Zoo sogar ein Freigehege, in dem fünf Yuroos ein neues Zuhause haben.
Quelle: http://www.europa4young.de/yuroos.htm

Infos zum Euro

Am 1. Januar 2002 haben zwölf der damals fünfzehn EU-Mitgliedsstaaten den EURO als gemeinsame Währung eingeführt. Nur Schweden, Dänemark und Großbritannien behielten ihre alte Währung bei. Die zehn neuen EU-Mitglieder, die seither dazugekommen sind, werden voraussichtlich bis spätestens 2009 den Euro eingeführt haben. Auf den Geldscheinen der Gemeinschaftswährung sind berühmte Fenster, Tore und Brücken der Mitgliedsstaaten abgebildet. Diese symbolisieren das architektonische Erbe Europas und sollen den europäischen Geist widerspiegeln. Bei den Münzen sind die Kopfseiten mit landestypischen Motiven versehen. Insgesamt gibt es acht Münzen und sieben Banknoten.

Münzen	Banknoten
1 Cent	5 Euro
2 Cent	10 Euro
5 Cent	20 Euro
10 Cent	50 Euro
20 Cent	100 Euro
50 Cent	200 Euro
1 Euro	500 Euro
2 Euro	

Taschengeld

Bestimmt erhalten die meisten Kinder regelmäßig Taschengeld oder Geldgeschenke. Befragen Sie die Kinder, wie viel Geld sie wie oft und zu welchen Anlässen bekommen. Wofür geben sie ihr Geld aus? Oder sparen sie es, um sich später damit einen größeren Wunsch zu erfüllen?

Der erste Cent

Der Begriff »Cent« kommt vom lateinischen »centrum« und bedeutet »100«. Ein Cent ist der hundertste Teil vom Ganzen. Seine Abwandlungen Centavo, Centesimi, Centimo, Centime oder Sentini bezeichnen in rund 100 Ländern den hundertsten Teil der ganzen Währungseinheit.
Der erste Cent wurde 1787 in den USA als Fugio-Cent eingeführt. Das Metall für die Münzen stammte von den Kupferreifen der Pulverfässer aus dem Unabhängigkeitskrieg. Benannt wurde die Münze nach dem lateinischen Wort »fugio«. Das bedeutet »ich eile« und meint die Zeit. Dieses Wort war auf der Rückseite eingeprägt. Die Vorderseite der Münze erteilt den klugen Ratschlag »Kümmere dich um deine Geschäfte«, der angeblich auf Benjamin Franklin zurückzuführen war.

Den Euro studieren

Legen Sie die acht Euromünzen und einige Euroscheine als Anschauungsmaterial auf einen runden Tisch. Nacheinander dürfen die Kinder die Münzen und die Scheine in die Hand nehmen. Sie haben nun die Möglichkeit, die Euros bewusst zu betrachten, zu betasten und zu erfahren. Unterstützen Sie sie mit gezielten Fragen und vergleichen Sie ihre Erkenntnisse mit ihren zuvor genannten Aussagen (siehe Seite 32).

Rechnen mit dem Euro

Überlegen Sie mit den Kindern, was sie gerne für 2, 5, 10 oder 20 Euro kaufen würden. Haben sie eine Vorstellung, wie viel die verschiedenen Dinge kosten? Am besten machen Sie mit den Kindern einen kleinen Einkaufsbummel, um für einen bestimmten Betrag für alle Eis oder eine andere Lieblingsspeise zu kaufen. Damit die Kinder nicht zu viel oder zu teuer einkaufen, müssen sie auf die Preise achten und gut nachrechnen. Lassen Sie die Kinder nach diesem Einkauf von ihren Erfahrungen erzählen.

Einkaufen mit dem Euro

Fragen Sie die Kinder nach alltäglichen Situationen, in denen Geld sehr wichtig ist. Wie haben sie ihre Einkäufe im Supermarkt, ihre Fahrkarte im Bus oder die Eintrittskarte ins Schwimmbad bezahlt? Mit selbst gemachten Euros aus Papier oder Spielgeld können sie diese Situation nachspielen. Sie müssen realistische Preise festlegen, Zahlungsbeträge errechnen, das passende Geld ausgeben und das Rückgeld nachzählen.

Euros rubbeln

Für Kinder ist es immer wieder faszinierend, ein Blatt Papier auf eine Münze zu legen und so lange mit einem Buntstift darüber zu malen, bis das Motiv auf dem Papier sichtbar wird. Diese Rubbelmethode zum Kopieren von Münzen macht nicht nur Spaß, sondern bietet allen Kindern innerhalb kürzester Zeit ein Erfolgserlebnis. Es könnte sogar sein, dass bei den Kindern eine wahre »Rubbelleidenschaft« ausbricht.

Variation: Stellen Sie den Kindern auch andere Währungen zum »Rubbeln« zur Verfügung. Versehen Sie jede Münze mit Angaben zu ihrem Namen und Herkunftsland. Ergänzend malen die Kinder noch die jeweilige Landesflagge dazu.

Das Eurozeichen

Kennen die Kinder das Symbol für unsere Währung? Vielleicht möchte ein Kind das Eurozeichen aufzeichnen, bevor die anderen es selbst nachmalen.

Auf den Spuren des Euro

Bitten Sie die Kinder und ihre Eltern, Euros aus anderen Ländern von zu Hause mitzubringen. Schauen Sie sich gemeinsam die mitgebrachten Münzen an. Erkennen die Kinder, aus welchen Ländern die Euros stammen? Lassen Sie die Kinder die verschiedenen Münzen nach Ländern sortiert zusammenlegen. Erforschen Sie gemeinsam,

- welche Motive in die Rückseiten der Münzen eingeprägt sind,
- woran zu erkennen ist, aus welchen Ländern die Münzen stammen,
- welche die Gemeinsamkeiten und Unterschiede die Münzen aufweisen.

Legen Sie eine große Europakarte aus und besprechen Sie mit den Kindern die dazugehörigen Länder. Die Kinder markieren all die Länder mit einem Eurozeichen, aus denen sie Münzen mitgebracht haben.

Euro ist nicht gleich Euro

Bitten Sie bei einem Geldinstitut in Ihrer Nähe um altersgerechtes Informationsmaterial zum Thema »Europäische Währungen« und Spielgeld. Am besten fragen Sie auch nach einem Poster von der Bundesbank, das Abbildungen von den Euros aller Mitgliedsländer der Währungsunion zeigt (Bezugsadressen siehe Kasten). Hängen Sie dieses Poster gut sichtbar im Raum auf. Die originalgetreuen Abbildungen und Währungsmuster motivieren die Kinder, sich intensiv mit den Zahlungsmitteln der europäischen Länder zu beschäftigen und zu erkennen, dass von Land zu Land auch nationale Besonderheiten auf Münzen und Geldscheinen zu finden sind.

Kronen, Franken, Forint

Kennen die Kinder noch andere Währungen außer dem Euro? Vielleicht haben sie ihren letzten Urlaub in Schweden, in der Schweiz, in Dänemark oder in Ungarn verbracht und als Souvenir einige Münzen oder sogar Geldscheine mitgebracht. Was wissen sie über diese fremden Währungen? Welche positiven oder negativen Erfahrungen haben die Kinder mit den schwedischen Kronen, dem schweizerischen Franken oder dem ungarischen Forint gemacht? Den Kindern wird es bestimmt ein Bedürfnis sein, darüber zu berichten. Übernehmen Sie bei diesem Erfahrungsaustausch die Rolle der Moderatorin und sorgen Sie mit gezieltem Nachfragen für eine rege Diskussion.

Alte Währungen

Sammeln und sortieren Sie mit den Kindern möglichst viele Münzen und Geldscheine von ehemaligen deutschen, französischen, italienischen und österreichischen Währungen. Kennen die Kinder noch die Namen dieser Währungen? Falls Sie nicht genügend Anschauungsmaterial zur Verfügung haben, schicken Sie die Kinder in Kleingruppen auf Forschungstour. Überlegen Sie zuvor gemeinsam, wen die Kinder interviewen könnten und welche Fragen sie stellen möchten.

Euro-Poster

Auf der Internetseite der Bundesbank erhalten Sie verschiedensprachige Euro-Poster:
http://www.bundesbank.de/bargeld/bargeld_veroeffentlichungen_poster.php
Euro-Münzen-Rechengeld, Euro-Geldscheinsets und Überweisungsvordrucke erhalten Sie kostenlos beim Bank-Verlag, Melatengürtel 113, 50825 Köln sowie beim Deutschen Sparkassen- und Giroverband, Postfach 1429, 53004 Bonn.

Besuch einer Bank

Organisieren Sie einen Besuch bei einem Bankinstitut in Ihrer Nähe und sprechen Sie mit den Verantwortlichen ab, wie Sie sich den Besuch vorstellen. Begrenzen Sie den Bankbesuch auf eine halbe bis dreiviertel Stunde. Vielleicht kann ein Bankangestellter den Kindern einige interessante Geschichten zum Euro erzählen, unter anderem von seiner Einführung und der Ausgabe erster Münzen.
In vielen Banken erhalten Kinder sogar die Gelegenheit, den Tresorraum zu sehen. Das ist natürlich ein sehr faszinierendes Erlebnis, von dem die Kinder noch lange erzählen werden. Möglicherweise wird Ihnen zum Abschluss ihres Besuches informatives Anschauungsmaterial oder Spielgeld überreicht. Nutzen Sie diese Geschenke, um den Bankbesuch mit den Kindern zu reflektieren und das Projekt fortzuführen.

So schön ist Europa

Fahnenmast mit Landesfahne

Sie benötigen:

- Sperrholzplatten oder Knete
- Holzstäbchen oder Schaschlikspieße
- DIN A5-Papier
- Kleber
- Holzleim

Sägen Sie für jedes Kind ein kleines Viereck aus der Sperrholzplatte und bohren Sie zum Hineinstecken der Holzstäbchen ein Loch hinein. In der Zwischenzeit falten die Kinder ihr Papier in der Mitte und malen auf eine Seite ihre Lieblingsfahne. Vielleicht möchten die Kinder auch zwei Fahnen gestalten. In dem Fall könnte auf der Vorder- und Rückseite jeweils eine andere Fahne gemalt werden. Anschließend stecken die Kinder ihr Holzstäbchen in ihre Holzplatten und befestigen diese mit Holzleim. Nun haben sie einen Fahnenmast, an den nur noch die fertig gemalte Flagge geklebt werden muss.

Europa-Domino

Entwickeln Sie gemeinsam mit den Kindern ein Europa-Domino. Bereiten Sie viele gleich große Kärtchen vor, auf denen jeweils zwei Kästchen eingezeichnet sind. In eines der Kästchen wird der Name eines europäischen Landes geschrieben, in das zweite Kästchen die Hauptstadt eines anderen Landes. Die Spielregeln sind wie beim bekannten Domino. Es dürfen nur Kärtchen mit gleicher Bedeutung aneinander gelegt werden: Hauptstadt und Land müssen zueinander passen. Anfangs werden die Kinder sicher öfters nachsehen müssen, ob die gelegte Hauptstadt zum daneben liegenden Land gehört. Je häufiger sie das Domino spielen, desto schneller werden sie ihr Wissen erweitern.

Reise durch Europa

Legen Sie den Boden mit heller Pappe oder weißem Tonkarton aus. Darauf malen die Kinder zunächst eine große Europakarte mit allen Ländern. Anschließend wird jedes Land ausgeschnitten und zum Spielen auf dem Boden ausgelegt. Ähnlich wie bei dem bekannten Spiel »Reise nach Jerusalem« werden die Länder abgezählt, damit deren Anzahl um eines geringer ist als die der mitspielenden Kinder. Nun kann das Spiel beginnen. Spielen Sie eine Musik, während sich die Kinder im Raum bewegen. Sobald die Musik stoppt, muss jedes Kind in einem Land stehen. Wer ohne Land übrig geblieben ist, scheidet aus. Nach jeder Runde verschwindet eines der Länder vom Boden.

Europa-Memory

Gestalten Sie mit den Kindern ein eigenes Europa-Memory. Dazu werden landestypische Motive und Flaggen aus ganz Europa zusammengetragen und auf kleine Kärtchen gemalt oder geklebt. Nicht fehlen sollten unter anderem der schiefe Turm von Pisa, die Akropolis aus Griechenland, der Eiffelturm von Paris, der Big Ben aus London, die Lichtkönigin aus Schweden oder der Weihnachtsmann aus Finnland.
Damit jedes Motiv und jede Flagge doppelt vorhanden ist, benötigen die Kinder pro Bild jeweils zwei weiße Kärtchen. Auf jedes dieser Kärtchen malen sie das gleiche Bild. Damit die Kinder die gemalten Kärtchen auch dem entsprechenden Land zuordnen können, sollten sie zunächst nur Kärtchen für die bekannten Motive und Landesflaggen anfertigen. Lernen die Kinder weitere Länder kennen, können sie ihr Europa-Memory um die entsprechenden Kärtchen erweitern, bis schließlich alle Länder Europas vertreten sind.

Europäische Architektur

Stellen Sie den Kindern Bilder zur Verfügung, auf denen bekannte europäische Bauwerke zu sehen sind. Vielleicht haben die Kinder auch Urlaubskarten oder Fotos mitgebracht, auf denen besondere Bauwerke abgebildet sind. Wissen sie auch, wann und wie diese Bauwerke entstanden sind und was beim Bau zu beachten war? Nach dieser kleinen Einführung dürfen die Kinder mit kostenlosen Materialien wie Kartons, Stoffresten oder Papprollen ihr eigenes Bauwerk bauen. Manche werden sich von den bekannten Bauwerken inspirieren lassen, andere hingegen werden einen vollkommen eigenen Baustil entwickeln. Alles ist möglich und vor allem gilt: Alles ist erlaubt.

Tipp: Möglicherweise gibt es unter den Eltern Architekten oder Zimmerer, die den Kindern eine kleine altersgerechte Einführung in die Kunst des Bauens geben können.

Bauen mit Legosteinen

Bestimmt haben Sie in ihrer Einrichtung Legosteine, mit denen die Kinder täglich bauen können. Nutzen Sie Ihr Sortiment und lassen Sie die Kinder eine bekannte Sehenswürdigkeit nachbauen. Dies kann eine Brücke, ein historischer Stadtteil, ein Schloss oder ein Turm sein. Als Vorlage sind Fotos oder Bilder aus Reiseprospekten geeignet. Wichtig bei der Auswahl der Bauvorhaben ist lediglich, dass den Kindern genügend Legosteine zur Verfügung stehen.
Nach einer gemeinsamen Besprechung, bei der Sie die Kinder auf ihre Aufgabe einstimmen, teilen Sie die Kinder in Kleingruppen ein. Als Erstes muss sich jede Gruppe anhand der Vorlagen für ein bestimmtes Bauwerk entscheiden. Am Ende der Bauphase werden alle Kunstwerke den anderen Gruppen gezeigt und erklärt. Zur Dokumentation werden sowohl die Bauarbeiten, die einzelnen Bauabschnitte wie auch die fertigen Bauwerke mit dem Fotoapparat festgehalten.

Legosteine aus Dänemark

Beinahe jedes Kind und jeder Erwachsene kennt die bunten Legosteine und hat damit bestimmt schon mal etwas gebaut. Erfunden wurden die kleinen Bausteinchen in den fünfziger Jahren in Dänemark. Genau genommen ist das dänische Wort »Lego« die Kurzform von »leg godt«. Die deutsche Übersetzung von »lego« wiederum heißt »Spiel gut!«.

Bauen wie Monsieur Eiffel

Legen Sie mehrere Fotos mit verschiedenen Ansichten vom Eiffelturm so aus, dass jedes Kind sie genau betrachten kann. Nach einiger Zeit schlüpfen die Kinder in die Rolle des Erbauers Monsieur Eiffel und beschreiben ganz genau die Besonderheiten ihrer Konstruktion. Anschließend überlegen sie gemeinsam, wie dieser Turm nachgebaut werden kann. Da der Eiffelturm zum Großteil aus Eisenstäben erbaut wurde, bieten sich Papprollen als Baumaterial besonders gut an. Sammeln Sie mit den Kindern das notwendige Material und beginnen Sie mit den Bauarbeiten.

Big Ben aus einem Pappkarton bauen

Der Big Ben ist das Wahrzeichen von London. Aus einem Pappkarton lässt sich dieses interessante Gebäude nachbauen. Als Vorlage verwenden die Kinder Fotos aus Reiseprospekten und Büchern.

Rote Doppeldecker

London ist berühmt für seine Doppeldeckerbusse, die nun zum großen Bedauern der Bevölkerung aus dem Verkehr genommen wurden. Trotzdem werden diese Busse weiterhin zu den berühmtesten Wahrzeichen Londons gehören. Für die Kinder ist es sicher eine Herausforderung, nicht nur einen normalen Bus zu bauen, sondern diesen weltberühmten Doppeldecker. Als Baumaterial stellen Sie den Kinder Kartons und Farben zur Verfügung.

Reiseführer

Wer in ein anderes Land oder in eine andere Stadt fährt, schaut oft in einen Reiseführer. Darin ist alles beschrieben, was das Reiseziel zu bieten hat. Stellen Sie mit den Kindern solche Reiseführer zusammen. Alles, was sie im Lauf des Projektes über die europäischen Länder, Regionen und Orte erfahren, können sie darin zusammentragen. Sie brauchen dafür lediglich pro Land einen Schnellhefter. Gestalten Sie mit den Kindern zunächst ein Deckblatt, auf dem sofort zu erkennen ist, um welches Land es sich handelt. Am besten eignet sich eine selbst gemalte Landkarte, die den Umriss des entsprechenden Landes zeigt. Natürlich sollten auch die Flagge und der Name des Landes nicht fehlen. Damit die gesammelten Informationen einen Wiedererkennungswert erfahren und auch für jüngere Kinder nutzbar sind, sollten die Inhalte nach einem bestimmten Schema gegliedert und mit einem festgelegten Symbol gekennzeichnet werden. Ein altersgerechter Reiseführer könnte folgende Themen umfassen:

Thema	Symbol
Alles rund um Flaggen	Flagge
Größe und Angaben zum Land	Landkarte
Flüsse	blaue Linie
Hauptstädte	mehrere Häuser
Sehenswürdigkeiten	Brücke oder Gebäude
Sprachen	Mund
Trachten und landestypische Kleidung	Jacke, Kleid, Hose
Kulinarische Köstlichkeiten	Kochtopf

Selbstporträt als Bobby

Englische Polizisten werden im Volksmund »Bobby« genannt. Obwohl dies sehr freundlich klingt, haben sie wie ihre Kollegen in anderen Ländern hoheitliche Aufgaben zu erfüllen. Besonders ansprechend dürfte neben ihrer Bezeichnung auch deren Uniform auf die Kinder wirken, sodass sie sicherlich selbst gerne einmal in die Rolle eines echten Bobbys schlüpfen würden. Suchen Sie mit den Kindern nach Abbildungen von englischen Polizisten. Mithilfe dieser Vorlagen übertragen die Kinder die Hose, die Jacke und den Helm einzeln auf Tonpapier und schneiden diese aus. Dann kleben sie alle Teile der Uniform so auf einen Bogen Papier, dass ein echter Bobby entsteht. Für das Gesicht verwenden die Kinder ein Foto von sich selbst, das sie zerschneiden dürfen. Die fertigen Bobby-Porträts werden mit Namen versehen und in einer kleinen Fotogalerie aufgehängt.

Europa-Würfelspiel

Gestalten Sie mit den Kindern ein Würfelspiel aus fester Pappe oder einer Holzplatte. Zeichnen Sie eine Europakarte und markieren Sie darauf mehrere bunte Punkte, die durch eine Linie verbunden sind. Das ist die Reiseroute, die quer durch Europa führt. So erleben die Kinder beim späteren Würfelspiel eine spannende Städtetour.
Als Spielfiguren können kleine Fähnchen mit Ständer oder bunte Steine genutzt werden. Start und Ziel der Reise ist Deutschland. Ob die Reise aller Mitspieler in der Hauptstadt Berlin oder in ihrem Heimatort beginnen soll, dürfen die Kinder vor Spielbeginn selbst entscheiden. Um die Reise spannend zu gestalten, müssen sie unterwegs einige besondere Aufgaben erfüllen. Hierzu einige Beispiele, die Sie mit den Kindern je nach Wissensstand beliebig erweitern und verändern können.

Land	Stadt	Aufgabe
Deutschland	Berlin / Heimatort	Start- und Zielfeld aller Mitspieler.
Deutschland	Bonn	Frühere Hauptstadt. Weißt du, welcher Fluss hier entlangfließt? – Ja? Klasse, dann darfst du deine Reise über Flughafen Köln/Bonn fortsetzen und drei Felder vorrücken. – Nein? Tja, da musst du wohl noch einmal den Reiseführer studieren und eine Runde aussetzen.
Belgien	Brüssel	Brüssel ist europäische Hauptstadt. Weißt du, mit welcher Währung hier gezahlt wird? – Ja? Du darfst noch einmal würfeln und die entsprechende Augenzahl vorwärtsgehen. – Nein? Du darfst noch einmal würfeln, musst aber die entsprechende Augenzahl zurückgehen.
Frankreich	Paris	Hier gibt es einen sehr hohen Turm, den Eiffelturm. Um ein Gefühl für die vielen Treppenstufen zu bekommen, musst du die höchste Treppe in der Nähe suchen und einmal hinauf- und hinunterlaufen. Dafür musst du natürlich eine Runde aussetzen.
Griechenland	Athen	Tanz mit deinen Spielpartnern einen Sirtaki. Da du so schön getanzt hast, darfst du drei Felder vorrücken (siehe Seite 68).
Niederlande	Amsterdam	In Holland wird viel Fahrrad gefahren. Such dir einen Mitspieler und bewegt euch gemeinsam, als würdet ihr auf einem Tandem fahren. Danach dürft ihr auf das gleiche Feld vorrücken. Je nachdem, wer von euch weiter vorn ist, darf den anderen nachziehen.
Österreich	Wien	Der Wiener Prater ist mit seinen 65 Meter Höhe das berühmteste Riesenrad. Stell dich vor deine Mitspieler und bewege deine Arme so, als würden sie das Riesenrad drehen. Danach darfst du drei Felder vorrücken.

Ist Europa auch in unserer Stadt?

Machen Sie sich mit den Kindern auf die Suche nach Spuren von anderen europäischen Ländern in ihrer Stadt. Gibt es Menschen, Orte oder Symbole, die auf ein anderes Land hinweisen oder dieses verkörpern?

Telefonbuch als Fundort

Geben Sie den Kindern örtliche Telefonbücher zum Heraussuchen von Namen aus anderen europäischen Ländern. In Kleingruppen versuchen die Kinder, Menschen aus anderen Nationen anhand ihrer Namen herauszufinden. Gibt es Namen, von denen die Kinder gleich wissen, aus welchem Land sie stammen? Wenn ja, anhand welcher Merkmale haben sie diese erkannt? Die Kinder schreiben einige Namen heraus und versuchen, sie gleichzeitig zu den entsprechenden Ländern zuzuordnen.

Medien und Schrift als Informationsquelle

Überlegen Sie mit den Kindern, woher Menschen aus anderen europäischen Ländern aktuelle Informationen und Nachrichten aus ihrer Heimat erhalten. Wahrscheinlich werden die Kinder Medien wie den Fernseher, das Radio, das Internet und die Zeitung nennen. Entdecken Sie gemeinsam diese Medien unter diesem Aspekt.

- Sehen Sie sich mit den Kindern Nachrichten in anderen Sprachen im Fernsehen an.
- Recherchieren Sie mit ihnen im Internet.
- Kaufen Sie einige Zeitungen aus anderen europäischen Ländern und sehen Sie sich diese mit den Kindern an.
- Hören Sie mit ihnen Radiosendungen in anderen Sprachen an.

Was stellen die Kinder fest? Wie sind ihre Reaktionen auf die verschiedenen Medien? Greifen Sie die Aussagen auf und tauschen Sie sich mit ihnen darüber aus.

Zeitungen als Zeichenspeicher

Kaufen Sie mit den Kindern Zeitungen aus anderen europäischen Ländern. Betrachten Sie die unterschiedlichen Schriftzeichen anschließend gemeinsam.

- Was stellen die Kinder fest?
- Welche Schriften finden sie besonders schön?
- Welche Schriften gefallen ihnen vielleicht nicht so gut?
- Worin unterscheiden sich die verschiedenen Schriften voneinander?

Tipp: Suchen Sie auch im Internet nach europäischen Zeitungen oder Informationen, die in der Landessprache geschrieben sind. Eventuell können Sie diese sogar ausdrucken.

Fototour

Mit Fotoapparaten oder einer Videokamera, Notizblöcken und Stiften ausgerüstet, machen sich die Kinder auf Entdeckungstour. Geben Sie den Kindern Aufgaben, nach denen sie suchen sollen:

- Fotografiert verschiedene Schriftzeichen aus europäischen Ländern.
- Fotografiert verschiedene Symbole aus anderen Ländern.
- Findet heraus, woher diese Symbole stammen und was sie bedeuten.

Damit die Kinder beim Ansehen der Fotos noch wissen, wo und was sie fotografiert haben, ist es hilfreich, dass sie sich zu jedem Foto eine Notiz machen.

Bei der Auswertung werden alle Foto- und Filmaufnahmen zusammengetragen, gemeinsam betrachtet, besprochen und später von den jeweiligen Gruppen als Fotomontage mit entsprechenden, kurzen Kommentaren zusammengestellt.

Ausländische Eltern erzählen aus ihrer Heimat

Laden Sie ausländische Eltern oder Bekannte zu einem Besuch in Ihrer Einrichtung ein. Bitten Sie sie, dass sie den Kindern etwas aus ihrem Heimatland erzählen. Falls die Eltern etwas unsicher sind und nicht wissen, worüber sie berichten sollen, geben Sie ihnen durch gezielte Fragen Hilfestellung. Wissenswert für die Kinder wäre zum Beispiel:

- Wie heißt das Heimatland?
- Wo befindet es sich?
- Wie weit ist es von Deutschland entfernt?
- Wie lange dauert die Reise dorthin?
- Welche Sprache wird dort gesprochen?
- Wie sieht es dort aus?
- Was gibt es dort Interessantes zu entdecken?
- Wie ist dort das Klima?
- Welche Pflanzen und Tiere gibt es dort?

Wenn Sie die Kinder auf den Besuch vorbereiten und einstimmen wollen, überlegen Sie im Vorfeld mit ihnen gemeinsam die Interviewfragen.

Filmtour

Schicken Sie die Kinder in Kleingruppen mit Aufnahmegeräten oder Videokameras ausgestattet in der Stadt los. Ihre Aufgabe ist es, Menschen aus anderen europäischen Ländern zu suchen, sie zu interviewen, um so ihre Landessprache aufzunehmen. Auch bei den Aufnahmen sollten sich die Kinder zu jedem Interviewpartner ein paar Notizen machen. Sie notieren sich den Namen, das Herkunftsland, die Landessprache, den Ort, an dem sie den Menschen interviewt haben. Beim gemeinsamen Zusammentreffen stellen sich die Kleingruppen gegenseitig ihre Aufnahmen vor.

Europäische Spuren auf der Stadtkarte

Erstellen Sie mit den Kindern während der Entdeckungstouren eine Stadtkarte, auf der die Kinder die Stellen markieren, an denen sie Spuren von Europa entdeckt haben. Hängen Sie die Karte gut sichtbar im Raum auf. Die Kinder ergänzen sie nach jeder Entdeckungstour. Die Fundorte könnten beispielsweise so aussehen:

- An Stecknadeln werden kleine Papierwimpel geklebt, auf die das europäische Land geschrieben oder gemalt wird.
- Fotos der Tour werden dazugeklebt.
- Einige Worte in der jeweiligen Sprache werden dazugeschrieben oder aus Zeitungen ausgeschnitten.

Musikalische Europareise

In Paule Puhmanns Paddelboot

Text und Musik: Frederik Vahle, © Aktive Musik, Dortmund

1. In Paule Puhmanns Paddelboot, da fahren wir auf See.
Wir paddeln um die halbe Welt. A-lo-ha-ho-ha-hee!
Guten Tag, auf Wiedersehen! Guten Tag, auf Wiedersehen!
Guten Tag, auf Wiedersehen! Guten Tag, auf Wiedersehen!

2. In Portugal da winkte uns die Anabela zu.
Die fragte: »Darf ich mit euch mit?«. »Na klar, was denkst denn du!«
Bom dia, adeus! Guten Tag, auf Wiedersehen!
Bom dia, adeus! Guten Tag, auf Wiedersehen!

3. In Spanien war es furchtbar heiß, da stieg der Pedro zu.
Der brachte Apfelsinen mit, die aßen wir im Nu.
Buenos dias, hasta la vista! Guten Tag, auf Wiedersehen!
Buenos dias, hasta la vista! Guten Tag, auf Wiedersehen!

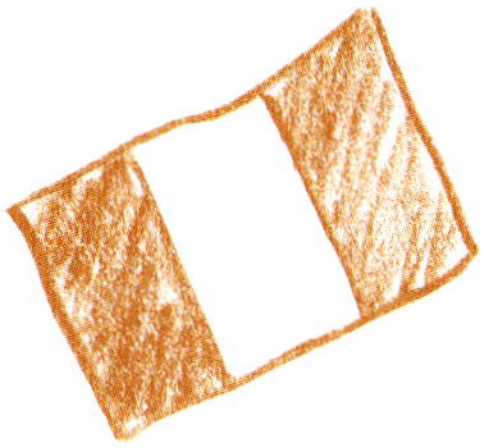

4. Und in Italien war'n wir auch, da kam die Marinella.
Die brachte Tintenfische mit auf einem großen Teller.
Buon giorno, arrivederci! Guten Tag, auf Wiedersehen!
Buon giorno, arrivederci! Guten Tag, auf Wiedersehen!

5. Und auch in Frankreich waren wir, da kam zu uns der Jean,
der brachte guten Käse mit und duftende Croissants.
Bon jour, au revoir! Guten Tag, auf Wiedersehen!
Bon jour, au revoir! Guten Tag, auf Wiedersehen!

6. Und rund um den Olivenbaum, da tanzten wir im Sand.
Wir nahmen den Wasili mit, das war in Griechenland.
Kalimera, jassu, jassu! Guten Tag, auf Wiedersehen!
Kalimera, jassu, jassu! Guten Tag, auf Wiedersehen!

7. Dann fuhr'n wir weiter übers Meer bis hin in die Türkei.
Von da an war'n auch Ahmet und die Ayse mit dabei.
Merhaba, güle, güle! Guten Tag, auf Wiedersehen!
Merhaba, güle, güle! Guten Tag, auf Wiedersehen!

8. Und als wir dann in Moskau war'n, da stand Natascha da,
die wärmte uns mit heißem Tee aus ihrem Samowar.
Sdrastwuitje, doswidanja! Guten Tag, auf Wiedersehn!
Sdrastwuitje, doswidanja! Guten Tag, auf Wiedersehn!

9. Und als wir dann nach Hamburg kam'n, stand Paule Puhmann da
und rief: »Verflixt und zugenäht, mein Paddelboot ist da!«
Bom dia, adeus! Buenos dias, hasta la vista!
Buon giorno, arrivederci! Kalimera, jassu, jassu!
Merhaba, güle, güle! Bon jour, au revoir!
Sdrastwuitje, doswidanja! GutenTag, auf Wiedersehen!

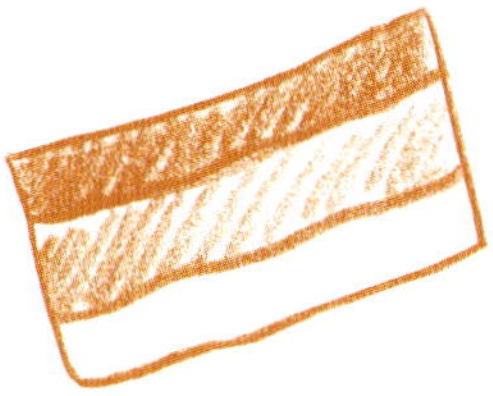

Spielidee: Da dieses Lied relativ lang ist, können Sie sich auch auf die Strophen zu den Ländern beschränken, aus denen die Kinder in Ihrer Einrichtung kommen. In der letzten Strophe können Sie die Stadt Hamburg durch den Ort ersetzen, in dem Sie leben.

Geschicklichkeits- und Bewegungsspiele

Wer trifft den Euro?

Für dieses Geschicklichkeitsspiel, das sich auch gut als Spielangebot bei Festen eignet, benötigen Sie ein hohes, durchsichtiges Gefäß und eine Zwei-Euro-Münze. Kleben Sie die Münze am Boden fest und füllen Sie das Gefäß mit Wasser. Mit Zehn-Cent-Münzen versucht ein Kind nach dem anderen, die Euro-Münze so genau wie möglich zu treffen.

Tipp: Je höher und breiter das Glas ist, desto schwieriger ist es, die Münze am Boden zu treffen.

Busfahrt in den Urlaub

Die Kinder sollen sich vorstellen, dass sie eine Busfahrt in den Urlaub unternehmen. Wie bei einer richtigen Busreise setzen sie sich in zwei Reihen hintereinander. Da die Fahrt lange dauert, beschäftigen Sie als Reiseleiter die Reisegesellschaft. Geben Sie den ersten Kindern jeder Sitzreihe verschiedene Gegenstände. Diese müssen sie über ihrem Kopf so schnell wie möglich den hinter ihnen sitzenden Kindern weiterreichen. Auf diese Weise wandern die Gegenstände vom ersten zum letzten Kind. Die Gruppe, deren Gegenstand zuerst beim letzten Kind ankommt, hat gewonnen. Beispiele der Gegenstände, die weitergereicht werden sollen:

- Teller gefüllt mit Keksen, von dem sich jedes Kind einen Keks herunternehmen darf
- hohes Glas, das mit Wasser gefüllt ist
- Reiseprospekt
- Rucksack

Variation: Die Gegenstände werden nicht nur über den Köpfen zum letzten Kind weitergereicht, sondern auch wieder zum ersten Kind zurückgegeben.

Münzen werfen

Fertigen Sie vor Spielbeginn sieben Zielrohre aus Papprollen an. Stellen Sie eine Rolle in die Mitte und befestigen Sie die anderen Rollen um diese herum. Geben Sie jedem Kind vier Münzen, die nun in die Rollen geworfen werden müssen. Hierbei muss ein Abstand von etwa einem Meter eingehalten werden. Wer in die mittlere Rolle trifft, erhält fünf Punkte. Für jeden Treffer in die äußeren Rollen gibt es einen Punkt. Das Kind mit der höchsten Punktzahl gewinnt. Bestimmen Sie im Vorfeld ein Kind, das die erreichten Punkte für alle gut sichtbar auf eine Tafel oder ein Wandplakat schreibt.

Fahrradtour durch die Alpen

Bei dieser Geschichte führen die Kinder paarweise die passenden Tretbewegungen aus. Dabei müssen sie sich aufeinander einstimmen und ihre Bewegungen der jeweiligen Geschwindigkeit anpassen.

Heute machen wir eine Fahrradtour durch die Alpen. Die Alpen sind ein Gebirge mit vielen hohen Bergen. Das heißt für uns: Wir müssen manchmal sehr kräftig in die Pedale treten.	*Die Kinder liegen auf dem Rücken oder sitzen sich zu zweit im Handstütz rücklings gegenüber. Die Fußsohlen berühren sich.*
Erst einmal fahren wir ganz ruhig und gemütlich los. Die Straße ist gerade und wir genießen den Ausblick. In der Ferne sehen wir schon die Berge. Manche sind so hoch, dass ihre Gipfel unter den Wolken versteckt sind.	*Die Kinder treten mit den Beinen wie beim Fahrradfahren.*
Ab jetzt wird die Strecke kurviger. Achtung, die Kurven beginnen.	*Die Kinder legen sich nach rechts und links.*
Der erste Berg liegt direkt vor uns. Glücklicherweise ist er noch nicht ganz so hoch. Dennoch müssen wir schon kräftiger in die Pedale treten.	*Die Tretbewegungen werden langsamer und angestrengter.*
So, wir sind oben und schon geht's in schneller Geschwindigkeit wieder nach unten.	*Die Kinder bewegen ihre Beine schnell.*
Das war ein Vorgeschmack auf die Anstrengungen, die uns noch erwarten. Erst mal können wir wieder ruhig weiterfahren.	*Die Tretbewegungen werden ruhig ausgeführt.*
Jetzt liegt er vor uns. Ein riesiger Berg! Den müssen wir nun bewältigen. Am besten nehmen wir schon mal richtig Schwung, um hinaufzukommen.	*Die Kinder treten wieder wesentlich schneller.*
Der Anstieg wird immer steiler. Das Treten wird immer schwieriger und anstrengender.	*Die Kinder treten immer langsamer und angestrengter.*
Endlich. Wir sind oben! Puh, war das anstrengend! Nun geht's bergab. Lasst uns langsam nach unten fahren. Jetzt brauchen wir nicht mehr zu treten. Erst kurz vor dem Tal treten wir so schnell wir können in die Pedale. Haltet euch gut fest, denn bergab wird es jetzt rasend schnell gehen.	*Die Tretbewegungen stoppen für einen Moment. Dann beginnen sie langsam wieder zu treten. Allmählich steigern sie ihr Tempo und bewegen ihre Beine so schnell sie können.*
Vor uns liegt eine schöne saftiggrüne Wiese mit duftenden bunten Blumen. Wir sind am Ziel und machen nun unsere wohlverdiente Pause. Schüttelt erst mal eure Füße und Beine aus.	*Die Kinder stehen auf. Sie schütteln ihre Beine und Füße. Währenddessen breiten Sie eine große Decke aus und bieten den Kindern etwas zu trinken und zu essen an. Nach dem Picknick nimmt jeder wieder seinen Platz ein und die Rückfahrt beginnt.*
Jetzt ist es an der Zeit, dass wir wieder zurückfahren.	*Entweder erzählen Sie die Geschichte noch einmal in der umgekehrten Reihenfolge oder Sie kennen eine weniger anstrengende Abkürzung.*
Nun sind wir wieder zurück. Unsere Fahrradtour ist beendet. Ich hoffe, sie hat euch Spaß gemacht.	

Wer erkennt die Münze?

Die Kinder sitzen im Kreis zusammen. Lassen Sie nun verschiedene Euromünzen von Kind zu Kind wandern.

Runde 1: Die Kinder betrachten und befühlen die Münzen eingehend.

Runde 2: Legen Sie einige Münzen auf ein Tablett, das Sie mit einem Tuch verdecken. Jedes Kind befühlt eine Münze und versucht zu ertasten, um welche es sich handelt. Danach darf es sich diese vom Tablett nehmen und noch einmal genau ansehen.

Runde 3: Füllen Sie alle Münzen in einen Beutel. Nacheinander darf sich jedes Kind ein Geldstück aus dem Beutel nehmen und es ausgiebig befühlen. Das Schwierige hierbei ist, dass die Kinder dabei ihre Hände auf dem Rücken halten müssen. Reihum sollen nun die Kinder sagen, welche Münze sie in der Hand haben. Danach dürfen sie diese ansehen. Haben sie richtig ertastet und geraten?

Über die Grenze

Zeichnen Sie zwei Linien im Abstand von knapp einem Meter mit Kreide auf den Boden. Der Bereich dazwischen ist das Grenzgebiet zwischen zwei Ländern. Ein Kind spielt den Grenzposten, während sich die anderen Kinder an der Längsseite der Grenze befinden. Der Grenzposten steht zwischen den Linien im Grenzgebiet. Auf sein Kommando »Ab über die Grenze, lauft!« rennen die Kinder schnell über die Grenze. Der Grenzposten muss dies verhindern und möglichst viele Kinder fangen. Er darf sich aber nur innerhalb des Grenzbereichs bewegen. Wer die Linien überquert hat, befindet sich in »Sicherheit« und kann nicht mehr gefangen werden. Wer allerdings gefangen wird, verwandelt sich in einen Grenzposten und muss im Grenzgebiet bleiben, um seinen Kollegen beim Fangen zu helfen. Nun beginnt eine neue Runde und der Grenzposten ruft erneut seinen Spruch. Das Spiel geht so lange, bis nur noch ein Kind übrig bleibt. Dieses spielt nun den neuen Grenzposten.

Österreich – Schweiz

Zeichnen Sie eine Linie auf den Boden oder legen Sie eine Schnur aus. Das ist die Grenze zwischen Österreich und der Schweiz. Die Kinder stellen sich in einer Reihe an der Linie auf. Ein Kind wird als Grenzposten ausgewählt. Es sagt abwechselnd den Namen eines der beiden Länder. Die Kinder haben nun die Aufgabe, sich auf die richtige Seite der Grenze zu stellen. Wer sich auf die falsche Seite stellt oder zu langsam ist, scheidet aus. Gewonnen hat das Kind, das übrig bleibt. Es wird neuer Grenzposten.

Fahnenmast fangen

Für dieses Spiel benötigen Sie eine lange Stange. Diese sollte möglichst aus Kunststoff sein, damit sie nicht so schwer ist, wenn sie zu Boden fällt. Sie muss von den Kindern aufgefangen werden können. Alle Kinder bilden einen großen Kreis. Ein Kind steht in der Mitte und hält die Stange (Fahnenmast) fest. Es ruft den Namen eines Kindes und lässt im gleichen Moment die Stange los, sodass sie zu Boden fallen könnte. Das gerufene Kind rennt sofort zur Kreismitte und versucht, die Stange zu fangen, bevor sie auf den Boden aufschlägt. In der nächsten Runde darf dieses Kind die Stange halten und ein anderes rufen.

Wie weit darf ich reisen?

Dieses altbekannte Spiel wurde früher sehr oft gespielt. Mit den Jahren ist es aber vielerorts in Vergessenheit geraten. Dieses Europa-Projekt bietet eine Möglichkeit, es in abgewandelter Variante aufzugreifen. Ein Kind wird als Reiseleiter ausgewählt und steht in möglichst großer Entfernung zu den anderen Kindern, die in einer Reihe nebeneinander stehen. Nacheinander fragen sie: »Wie weit darf ich reisen?« Der Reiseleiter nennt ein Reiseziel. Hierbei kommt es auf die Anzahl der Silben in der Antwort an, denn diese Zahl gibt vor, wie viele Schritte das fragende Kind vorwärts gehen darf. Doch bevor es soweit ist, fragt das Kind noch: »Womit darf ich reisen?«. Lautet die Antwort »Zu Fuß!«, darf das Kind nur einen Fuß vor den anderen setzen. Heißt es aber »Mit der Eisenbahn!«, darf es normale Schritte machen. Glück hat das Kind, wenn es »Mit dem Flugzeug!« reisen darf. Dann darf es aus dem Stand heraus Sprünge machen. Pech hat das Kind allerdings, wenn der Reiseleiter »Gar nicht! Du bleibst zu Hause!« antwortet. Gespielt wird, bis alle Kinder beim Reiseleiter angekommen sind.

Französisch Abschlagen

Warum dieses Spiel »Französisch Abschlagen« heißt, ist nicht genau nachzuvollziehen. Auf jeden Fall ist es ein altes überliefertes Fangspiel.
Alle Kinder stehen sich in zwei Reihen im Abstand von etwa 20 Metern gegenüber. Dabei halten die Kinder der einen Reihe eine Hand gerade gestreckt nach vorne und die andere über ihren Kopf nach oben. Ein Kind aus der gegenüberliegenden Reihe kommt herüber und schlägt »Eins, zwei, drei« auf verschiedene Hände – jeweils ein Schlag auf eine vorgestreckte Hand. Wenn es den dritten Schlag ausgeführt hat, läuft es zu seiner Reihe zurück. Dabei folgt ihm das Kind, welches den dritten Schlag erhalten hat. Es versucht, das fortlaufende Kind durch einen Schlag auf den Rücken zu treffen. Gelingt ihm dies, wird das gejagte Kind zum Mitglied seiner eigenen Gruppe. Erreicht das gejagte Kind ungeschlagen seinen alten Platz, dann gehört das abgeschlagene Kind zu dieser Gruppe. In der nächsten Runde schickt die Gruppe der zweiten Reihe ein Kind zur ersten Reihe hinüber. Das Spiel wird so lange gespielt, bis eine Reihe aufgelöst ist.

Kulinarische Europareise

So vielfältig und facettenreich die Länder Europas sind, so unterschiedlich sind auch die kulinarischen Genüsse. Unternehmen Sie mit den Kindern eine Entdeckungsreise durch Europa, bei der sie einen Eindruck von den vielen verschiedenen Speisen Europas erhalten und einige landestypische Rezepte kennen lernen.

Landestypische Küchen

Nachdem sich die Kinder intensiv mit unseren europäischen Ländern auseinander gesetzt haben, bietet eine Kochaktion einen gelungenen Abschluss. Verwandeln Sie Ihre Küche für diese Aktionen in eine italienische Pizzabackstube, in eine französische Crêperie oder in eine ungarische Gulaschsuppenküche.

Kochen mit den Eltern

Haben Sie Kinder aus anderen europäischen Ländern? Sprechen Sie die Eltern doch einmal an, ob sie Lust haben, für oder sogar mit den Kindern ein landestypisches Gericht zu kochen. Sicherlich ergibt sich während der Kochaktion oder beim gemeinsamen Essen ein anregendes Gespräch, bei dem die Kinder interessante Dinge von dem Heimatland der Eltern erfahren werden.

Nahrungsmittel aus anderen Ländern

Machen Sie mit den Kindern einen Einkaufsbummel der besonderen Art und besuchen Sie beispielsweise ein griechisches Lebensmittelgeschäft. Dort sollen sich die Kinder umsehen. Oftmals sind verschiedene Speisen schon zubereitet. Welche Lebensmittel kennen sie nicht? Entscheiden Sie gemeinsam, welche Lebensmittel oder Speisen die Kinder mal probieren möchten. Kaufen Sie lieber verschiedene kleine Portionen, als eine größere Menge von einer Spezialität, damit die Kinder von vielen kulinarischen Genüssen probieren können.

Variation: Statt in ein spezielles Lebensmittelgeschäft gehen Sie mit den Kindern in einen Supermarkt. Betrachten Sie gemeinsam mit den Kindern die verschiedenen Obst- und Gemüsesorten. Welche sind ihnen unbekannt?

Rezeptbuch Europas

Erstellen Sie mit den Kindern ein eigenes Rezeptbuch, das alle selbst ausprobierten Gerichte beinhaltet. Bevor Sie mit den Kochaktionen beginnen, überlegen Sie gemeinsam mit den Kindern, wie das Rezeptbuch gestaltet sein sollte:

- Wie soll das Cover aussehen?
- Wollen die Kinder eigene Bilder malen, Fotos aus Zeitschriften verwenden oder selber Fotos anfertigen?
- Wie sollen die Rezepte inhaltlich geordnet werden? Nach Ländern oder nach Vor-, Haupt- und Nachspeise?
- Wie möchten die Kinder die Herkunft der Rezepte kenntlich machen? Mit selbst gemalten Nationalflaggen?
- Welche Lieblingsrezepte haben die Kinder bereits und dürfen in diesem Kochbuch auf keinen Fall fehlen?

Bunter Europasalat

Bereiten Sie mit den Kindern einen europäischen Salat vor. Das Besondere an ihm ist weniger das Rezept, sondern der Einkauf der Zutaten. Dies können verschiedene Obst-, Gemüse-, Käse-, Wurst- oder Kekssorten sein. Wichtig ist dabei nur, dass jede Zutat aus einem anderen europäischen Land stammt. Je nach Jahreszeit gibt es für einen Obstsalat Weintrauben aus Griechenland, Erdbeeren aus Spanien, Melone aus Italien und Birnen aus Deutschland.

Zutaten für zirka 6 Portionen:

- 1 Apfel
- 1 Birne
- 1 Banane
- 250 Gramm (kernlose) Weintrauben
- 1 Melone
- 1 Grapefruit, pink
- 250 Gramm Erdbeeren
- 50 Milliliter Apfelsaft
- 50 Milliliter Orangensaft
- 1 frisch gepresste Zitrone
- 50 Gramm Mandelsplitter
- 500 Gramm Magerquark
- 250 Milliliter Sahne
- 1 Teelöffel Zimt
- 50 Gramm braunen Zucker

Zubereitung: Die Kinder waschen das Obst gründlich ab. Sie halbieren die Trauben, würfeln den Apfel und die Birne und schneiden die Banane in Scheiben. Danach vermischen sie das Obst in einer Schüssel mit den Obstsäften. Das Vitamin C der Zitrusfrüchte verhindert, dass die Banane und der Apfel braun werden. Anschließend schneiden die Kinder das restliche Obst in kleine Stücke und mischen diese unter den Obstsalat.
Für die Sahne-Quark-Creme rühren die Kinder den Quark glatt, schlagen die Sahne und heben sie vorsichtig unter den Quark. Danach bedecken sie den Obstsalat mit der Creme, aber vermischen ihn nicht damit.
Zum Schluss rösten die Kinder mit Ihrer Hilfe die Mandelsplitter ohne Fett in einer beschichteten Pfanne. Lassen Sie die Pfanne dabei nicht aus den Augen, da die Mandeln rasch verbrennen. Die Kinder verteilen die abgekühlten, gerösteten Mandelsplitter auf der Sahnequarkhaube. Mischen Sie den Zucker mit dem Zimt und reichen Sie diesen getrennt zum Obstsalat.

Frankreich: Crêpes

Für 6 bis 7 Crêpes benötigen Sie:

- 150 Gramm Mehl
- Prise Salz
- 1/4 Liter Milch (oder je 1/8 Liter Milch und Wasser)
- 2 Eier

Zubereitung: Die Kinder vermischen Mehl, Salz und Milch. Dazu geben sie die Eier und verrühren alles zu einem sehr flüssigen Teig. Wenn Sie kein Crêpeseisen besitzen, können Sie die Crêpes mit etwas Öl auch in der Pfanne backen. Backen Sie die Crêpes von beiden Seiten goldbraun aus und lassen Sie jedes Kind seine Lieblingsfüllung wählen – süß mit Marmelade, Schokokreme oder Früchten, einfach mit Zimt und Zucker oder herzhaft mit Gemüse, Käse oder Tunfisch. Danach werden die Crêpes gerollt oder gefaltet. Bon apétit.

Griechenland: Tsatsiki

Zutaten für 6 Portionen:

- 1/2 Salatgurke
- 400 Gramm (griechischen) Jogurt
- 4 Esslöffel Olivenöl
- 1 Knoblauchzehe
- Salz und Pfeffer
- griechisches Fladenbrot
- verschiedene Gemüsesorten (griechischer Herkunft)

Zubereitung: Die Kinder schälen die Gurke und reiben sie grob in eine Schüssel. Danach drücken sie den Gurkensaft aus. Sie ziehen die Knoblauchzehe ab und drücken diese durch eine Knoblauchpresse. Den gepressten Knoblauch vermischen sie mit der Gurke, geben den Jogurt sowie das Olivenöl hinzu und verrühren alles gut. Den Tsatsiki mit Salz und Pfeffer würzen, abdecken und etwa eine Stunde ziehen lassen.
In der Zwischenzeit werden die Beilagen vorbereitet, zum Beispiel Gurken- und Möhrenstifte, Paprikastreifen und Tomatenwürfel. Die Kinder werden bestimmt Spaß daran haben, die Gemüsestücke in den Tsatsiki zu dippen. Reichen Sie zu dieser Köstlichkeit griechisches Fladenbrot.

Earl of Sandwich

Der britische Diplomat und Staatsmann John Montagu, IV. Earl of Sandwich (1718 bis 1792) erfand das nach ihm benannte belegte Brot, um während der Arbeit essen zu können. Belegt wird es je nach Geschmack mit Roastbeef, Hähnchenbrust oder Fisch.

Österreich: Kaiserschmarren mit Obstkompott

Zutaten für etwa 4 Portionen:

- 6 Eier
- 500 Milliliter Milch
- 4 Esslöffel Zucker
- 150 Gramm Mehl
- 150 Gramm Speisestärke
- eventuell 1 Esslöffel Rosinen
- Butter zum Ausbacken
- Puderzucker zum Bestäuben
- 500 Gramm Pflaumen (je nach Jahreszeit auch Äpfel)
- 70 Gramm Rohrzucker
- 1 Stange Zimt

Zubereitung: Die Kinder trennen die Eier. Sie verrühren das Eigelb mit Milch und Zucker, streuen das Mehl hinein und verarbeiten das Gemisch zu einem glatten Teig. Den Teig lassen sie 20 Minuten quellen. Danach heben die Kinder das vorher zu Eischnee geschlagene Eiweiß und die Rosinen mit einem großen Löffel vorsichtig unter den Teig. Zerlassen Sie die Butter in einer großen Pfanne. Geben Sie eine dicke Teigschicht hinein und backen Sie diese, bis die Unterseite goldgelb ist. Nun wenden Sie den Teig und teilen ihn kreuz und quer in Stücke. Er wird solange gebacken, bis alles goldgelb ist.
Für das Pflaumenkompott waschen, halbieren und entsteinen die Kinder die Pflaumen. Zusammen mit dem Rohrzucker, Zimt und ein wenig Wasser lassen sie die Pflaumen 15 Minuten köcheln. Danach entfernen sie die Zimtstange. Nach Belieben bestreuen die Kinder ihren Kaiserschmarren mit Puderzucker.

Großbritannien: Schinkensandwich

Zutaten für 1 Schinkensandwich:

- 2 Scheiben Toast- oder Weißbrot
- 1 Scheibe gekochter Schinken
- 1 Scheibe Käse
- 1 Blatt grüner Salat oder Eisbergsalat
- Margarine oder Butter
- Mayonnaise oder Remoulade
- 3 Scheiben Gurken oder Tomaten

Zubereitung: Die Kinder bestreichen beide Toastbrotscheiben mit Margarine oder Butter. Anschließend belegen sie eine Brotscheibe in folgender Reihenfolge: 1 Scheibe Schinken, diese mit etwas Mayonnaise oder Remoulade bestreichen, 1 Salatblatt, Tomaten- oder Gurkenscheiben, 1 Scheibe Käse, diese mit dem Senf bestreichen und das Ganze mit der zweiten Toastbrotscheibe abdecken.

Pizza

Ursprünglich war die erste Pizza gar keine Erfindung der Italiener. Sicher wird es kein Italiener gerne hören, aber die Griechen kamen schon einige Jahrhunderte vor ihnen auf die Idee, den Teig erst nach dem Belegen zu backen. Die typisch italienische Pizza in ihrer runden Form entstand um etwa 200 vor Christi. In der Region Rom wurden die Teigfladen mit Olivenöl, Gewürzen und Honig auf Stein gebacken. Der Begriff »Picea« oder »Piza« tauchte erstmals im Jahr 1000 im neapolitanischen Dialekt auf und bedeutet »Druck« oder »Ruck«. Dieser Ausdruck ist auf die Handbewegung beim Herausheben der Pizza aus dem Backofen zurückzuführen. Zunächst war Pizza ein Essen für die arme Bevölkerung, denn lediglich die reichlich vorhandenen und bei den Wohlhabenden verpönten Tomaten wurden auf die Fladen gegeben. Die älteste Pizzeria gibt es in Neapel – sie öffnete im Jahre 1830.

Slowakien: Pirohy

Zutaten für den Teig:
- 350 Gramm Mehl
- 1 Ei
- Salz
- 1/8 Liter warmes Wasser

Zutaten für die Füllung:
- 1 Kilo Kartoffeln
- 100 Gramm Frischkäse
- 1/2 Bund Schnittlauch
- Salz

Zutaten für die Garnitur:
- 1 große Zwiebel
- 50 Gramm Butter
- 500 Gramm saure Sahne

Zubereitung: Die Kinder stampfen die gekochten Kartoffeln und vermischen diese mit dem klein geschnittenen Schnittlauch und Frischkäse. Für den Teig geben sie Mehl, Ei, Salz und warmes Wasser in eine Schüssel und verkneten diese Zutaten zu einem glatten Teig. Anschließend rollen sie den Teig aus. Mit einer runden Form stechen die Kinder etwa 6 Zentimeter große Kreise aus. Darauf geben sie einen Teelöffel der Füllung. Danach klappen sie die Ränder hoch und drücken sie zusammen. Im Anschluss daran geben sie die Teigtaschen in kochendes Salzwasser, bis sie an der Oberfläche schwimmen. Die Kinder legen die Teigtaschen auf einen Teller und garnieren sie mit goldbraun angebratenen Zwiebeln und saurer Sahne. Als Dekoration kann zum Schluss etwas Schnittlauch darüber gestreut werden. Danach sofort servieren.

Variation: Für die Füllung können Sie unter anderem auch Sauerkraut mit getrockneten Pilzen, Äpfel und Zimt oder Marmelade verwenden.

Italien: Pizza

Zutaten für ein Backblech
- 500 Gramm Mehl (Weizenmehl Typ 550)
- 250 Gramm lauwarmes Wasser
- 2 Esslöffel Olivenöl
- 20 Gramm Hefe
- 7 Gramm Salz
- nach Geschmack Tomaten, Käse, Paprika, Champignons, Salami, Schinken

Zubereitung: Die Kinder vermischen alle Zutaten für den Pizzateig. Diese Mischung verkneten sie mindestens acht Minuten lang zu einem Teig, bis er nicht mehr an den Händen klebt. Danach muss der Teig 30 Minuten ruhen.
In dieser Zeit zerkleinern die Kinder die Zutaten für den Belag.
Nach der Ruhezeit wird der Teig mit Mehl bestäubt und auf Blechgröße ausgerollt. Die Kinder fetten das Backblech ein und belegen es mit dem Teig. Nun darf jeder sein Pizzastück mit den Zutaten seiner Wahl belegen. Zum Schluss wird die Pizza bei etwa 200 Grad Celsius 15 bis 20 Minuten im Backofen gebacken.

Brücken verbinden Europa

Vielerorts sind Flüsse, Berge und Täler eine natürliche Grenze. Um sie zu überwinden, bauten und bauen die Menschen mehr oder weniger komplizierte Brückenkonstruktionen. Einige dieser Bauwerke sind so in die Landschaft integriert, dass sie kaum auffallen. Andere Brücken hingegen wirken störend und wieder andere gelten als Meisterwerke der Architektur. Sicher gibt es auch in Ihrer Nähe einige Brücken, die Sie mit den Kindern besuchen, erkunden und vergleichen können.

Brückenkonstruktionen erkunden

Mithilfe von Brücken kann der Mensch bequem und sicher Flüsse überqueren, tiefe Schluchten überwinden und auf direktem Weg von einem Berg zum anderen gelangen. Viele Brücken sind sehr hoch und sehr lang. Sie müssen große Lasten tragen und starken Stürmen standhalten. Daneben gibt es viele kleine Brücken, die für unsere täglichen Wege wichtig sind. Auch sie müssen so gebaut sein, dass sie uns sicher auf die andere Seite bringen. Wenn wir selbst eine kleine Brücke über einen Fluss nachbauen, merken wir, dass dies gar nicht so einfach ist. Was also ist das Besondere beim Brückenbau? Wie schaffen es ihre Konstrukteure, sichere Brücken zu bauen? Machen Sie sich mit den Kindern auf den Weg, um die Brücken in ihrer Umgebung zu erkunden. Statten Sie die Kinder mit Fotoapparat und Notizzettel aus, damit sie vor Ort Fotos machen und die Besonderheiten aufzeichnen können. So tragen sie die verschiedenen Formen und Größen der Brücken in ihrer Umgebung zusammen. Diese Sammlung kann durch Bilder aus Büchern, Reiseprospekten, Kalendern und Zeitschriften ergänzt werden.

Welche Stadt hat die meisten Brücken?

Ob Sie es glauben oder nicht, in der Hansestadt Hamburg stehen europaweit die meisten Brücken. In der Hafenstadt gibt so viele Brücken, wie in Venedig und Amsterdam zusammen. Während Venedig »nur« 450 Brücken zählt, kommt Hamburg auf insgesamt 2.472 Brücken. Ob Hamburg damit auch den absoluten Weltrekord hält, darüber streiten sich die Experten noch heute.

Erste Experimente im Brückenbau

Suchen Sie mit den Kindern in Zeitschriften und Büchern nach Abbildungen von Brücken. Sobald das Interesse der Kinder für diese Bauwerke geweckt ist, werden sie diese Brücken nachbauen oder eigene Konstruktionen entwickeln wollen. Geübt sind die Kinder sicher schon im Bauen von Burgen und Tunneln, die sie immer wieder gerne im Sandkasten entstehen lassen. Können sie dort auch Brücken bauen? Sicher ist es nicht so einfach eine Brücke mit Sand zu bauen, da sie leicht zusammenbricht. Stellen Sie daher den Kindern verschiedene Materialien zur Verfügung.

Hängebrücken aus Seilen

Eine verhältnismäßig einfache Möglichkeit, um tiefe Schluchtn oder reißende Flüsse zu überqueren, wird noch heute in vielen unwegsamen Regionen genutzt. Hier bauen die Menschen Hängekonstruktionen aus Seilen, die sie aus Pflanzenfasern herstellen. Überlegen Sie mit den Kindern, ob und wo sie solche Hängekonstruktionen schon mal gesehen haben. Vielleicht gibt es auf Ihrem Gelände oder in Ihrer Nähe einen Spielplatz oder Trimmpfad mit einer Hängebrücke. Untersuchen Sie diese mit den Kindern. Welche Unterschiede zu den üblichen Brücken entdecken sie? Wer traut sich, darüber zu gehen? Warum erfordert es so viel Mut und Überwindung darüber zu gehen?

Historische Steinbrücken

Richtig alte Steinbogenbrücken und in früheren Jahrhunderten gezimmerte Holzbrücken finden noch heute unsere Bewunderung. Geben Sie den Kindern Gelegenheit, sich selbst als Brückenbauer zu betätigen. Sie benötigen dafür lediglich Papier, Schere und Kleber. Wie echte Nachwuchsingenieure arbeiten sie in kleinen Teams zusammen. So können sie gemeinsam überlegen, diskutieren und ausprobieren, was den Brückenbau ausmacht. Danach stellt jede Arbeitsgruppe ihre Theorie vor und erklärt, warum ihr Modell in der Praxis eine gute Lösung ist.

Eine Welt ohne Brücken

Die Kinder haben verschiedene Brückenkonstruktionen kennen gelernt und sich selbst als Ingenieur erprobt. Doch was wäre unser Wohnort, unser Land und Europa ohne Brücken? Betrachten Sie mit den Kindern verschiedene Landkarten von Europa. Von Interesse sind hierbei die großen Flussläufe. Sicher fällt den Kindern auf, dass es gerade hier viele Städte gibt und ein Fluss vielerorts wie eine natürliche Grenze wirkt. Diskutieren Sie mit den Kindern, welche Umwege die Menschen fahren müssten, um ohne Brücke auf die andere Seite zu gelangen. Wie stark Brücken unseren Alltag bestimmen, können die Kinder mit einem kleinen Experiment vor Ort selbst erfahren. Wählen Sie eine Route, die über eine Brücke führt. Suchen Sie danach mit den Kindern eine Route, die ohne Nutzung dieser Brücke ans selbe Ziel führt. Erkennen sie, welche Bedeutung Brücken für das Zusammenleben der Menschen haben?

Wasserstraßen und Luftwege

Fragen Sie die Kinder, wer im Urlaub schon mal mit einer Autofähre gefahren ist. Was können sie den anderen darüber erzählen? Betrachten Sie anschließend mit den Kindern eine Europakarte. Welche Länder werden durch Fährverkehr miteinander verbunden? Wie lang müsste eine Brücke sein, um auf dem »Landweg« in diese Länder zu gelangen? Welche Alternativen gibt es zu den Wasserstraßen? Richtig, den Luftweg per Flugzeug. Diskutieren Sie mit den Kindern über die Vor- und Nachteile der möglichen Verbindungswege.

Brücken- und Straßenbau im Römischen Reich

Als die Römer ihr Reich ausbauten, übernahmen sie von den Kelten den halbkreisförmigen Bogen im Brückenbau und die Anfänge ihres Straßennetzes. Sie perfektionierten die keltische Baukunst im gesamten Reich und legten in weiten Teilen Europas den Grundstein für das teilweise noch heute vorhandene Straßennetz. Schon die Römer wussten, dass sie ihr Imperium nur versorgen und sichern konnten, wenn sie über ein gut ausgebautes Straßennetz verfügten. Zur späten Kaiserzeit gab es etwa 290.000 Kilometer befestigte Straßen. Nach dem Untergang des Römischen Reiches verfiel das Straßennetz größtenteils, bis es Napoleon erneuerte und weiter ausbaute.

Wir erkunden unseren Kontinent

Wir lernen Europa kennen

Um den Kindern eine Vorstellung von der Größe und den vielen Ländern Europas zu vermitteln, zeichnen sie gemeinsam eine große Landkarte von unserem Kontinent. Dabei erfahren sie, wo sich die einzelnen Länder befinden, welches ihre Hauptstädte sind, welche großen Gebirge und Flüsse es gibt. Für die Landkarte benötigen Sie:

- 1 Overheadprojektor
- 1 Landkarte von Europa
- 1 Folie
- 1 Folienstift (wasserlöslich)
- weiße Papierbögen
- Tesafilm oder Reißzwecken
- bunte Filz- oder Malstifte

Bevor die Kinder ihre Europakarte erstellen können, bedarf es einiger Vorbereitungen. Zunächst muss die Zeichenfläche auf einer Wand angebracht werden. Das heißt, die weißen Papierbögen müssen mit Tesafilm oder Reißzwecken so befestigt werden, dass eine große Plakatfläche entsteht. Außerdem brauchen die Kinder eine Zeichenvorlage. Sie legen eine Overheadfolie auf eine Europakarte und zeichnen mit einem Folienstift die Umrisse der Länder, der Flüsse, Gebirge und Hauptstädte nach. Die fertige Zeichnung legen Sie auf einen Overheadprojektor und werfen sie auf die Plakatwand. So erhalten die Kinder eine stark vergrößerte Europakarte mit den wichtigsten Details, die sie nun auf ihre Plakatwand übertragen können. Damit sich die einzelnen Länder besser einprägen und schnell zu finden sind, gestalten die Kinder für jedes Land ein Schild mit Namen, Hauptstadt, Nationalflagge und international gültigem Länderkennzeichen (siehe Seite 76). Beim Heraussuchen der umfangreichen Informationen findet eine sehr intensive Auseinandersetzung mit dem Projektthema »Europa« statt, die zu interessanten Gesprächen oder Diskussionen führen. Greifen Sie diese Beiträge auf und nutzen Sie den Erfahrungsschatz der Kinder für Ihre weiteren Projektbausteine. Beispielsweise könnten die Kinder ihre selbst gestaltete Europakarte mit folgenden weiterführenden Informationen versehen:

- Einwohnerzahlen der Länder und ihrer Hauptstädte
- Währung und ihre Symbole
- Rekorde Europas, zum Beispiel der höchste Berg, der größte See oder das Land, mit den meisten Seen Europas
- Fotos und Postkarten von Sehenswürdigkeiten
- Briefmarken

Dreidimensionales Europamodell

Fertigen Sie mit den Kindern ein dreidimensionales Modell von Europa an. Solch ein Modell hat den Vorteil, dass es die topografischen und geografischen Besonderheiten der Länder bildlich verdeutlicht. So können sie nach der Fertigstellung sehen, welche Regionen Europas durch Mittel- und Hochgebirgslandschaften geprägt sind und welche Regionen über weit ausgedehnte Flachlandschaften verfügen. Für dieses Europamodell benötigen Sie:

- 1 große Spanplatte
- grüne, braune, schwarze, blaue und rote Farbe
- Kleister und Leim
- Zeitungspapier
- Papier und Farben für die Nationalflaggen
- Zahnstocher und Knete für die Fahnenmasten

Übertragen Sie zunächst mit den Kindern eine Europakarte auf die Spanplatte. Wichtig sind hierbei nur die Umrisse der einzelnen Länder. Als Nächstes werden die Erhebungen, Mittel- und Hochgebirge plastisch dargestellt. Diese lassen sich gut aus Zeitungspapier und Kleister formen, ehe sie ihren Platz auf dem Europamodell finden und nach dem Trocknen je nach Höhe mit brauner oder grauer Farbe bemalt werden. Die Ebenen lassen sich mit grüner Farbe versehen. Bei kleineren Landerhebungen geben die Kinder der grünen Farbe ein wenig Braun dazu. Flüsse, Seen und Meere kennzeichnen sie mit blauer Farbe. Die wichtigsten Städte werden mit roter Farbe markiert. Die Ländergrenzen zeichnen die Kinder mit schwarzer Farbe ein. Zum Schluss erhält jedes Land noch einen kleinen Fahnenmast mit der Nationalflagge.

Europa, ein bunter Kontinent

Betrachten Sie mit den Kindern die Europakarte. Hierbei ist es egal, ob Sie die einfache Karte oder die dreidimensionale gewählt haben. Erforschen Sie mit den Kindern anhand dieser Vorlage unseren europäischen Kontinent. Auch eigene Erfahrungen und Vorstellungen der Kinder dürfen hierbei gern eingebracht werden. Unterstützen Sie die Kinder mit gezielten Fragen und Aufgaben:

- Welche Länder grenzen direkt an Deutschland?
- Findet alle Nachbarländer von ...
- Nennt alle nord-, ost-, süd- und westeuropäischen Länder.
- Welche Länder erkennt ihr an ihrer Form?
- Welche Meere und Seen umgeben Europa?
- Welche Inseln und Halbinseln gibt es in Europa?
- Nennt die Hauptstadt von ...

Vertiefen Sie die Antworten der Kinder und fragen Sie auch nach eigenen Reiseerfahrungen und weiteren Informationen. Notieren Sie die Ausführungen der Kinder für Ihre Projektdokumentation und nutzen Sie diese für ihre Elternarbeit. Da Eltern gern und stolz die Äußerungen ihrer Kinder lesen, erhalten sie auf diese Weise einen Einblick in das Projekt.

Erkundung mithilfe von Büchern

Legen Sie Bücher mit landeskundlichen Informationen auf einem Tisch bereit. Die Kinder sollten stets Zugang zu diesen Büchern haben, um darin zu stöbern oder gezielt nach Informationen zu suchen. Nehmen Sie sich öfters Zeit, um gemeinsam mit den Kindern die Bücher zu betrachten, über die interessanten Informationen oder offenen Fragen zu sprechen. Falls in Ihrer Einrichtung nicht genügend Bücher zum Thema vorhanden sind, gehen Sie mit den Kindern in die Bibliothek und suchen Sie gemeinsam nach weiteren Sachbüchern, Nachschlagewerken und Reiseführern. Viele Büchereien stellen auf Wunsch auch thematische Bücherkisten zusammen.

Gemeinsamkeiten entdecken

Die Kinder haben schon viele Informationen über die europäischen Länder zusammengetragen. Doch wissen sie auch, welche geografischen Gemeinsamkeiten es in Europa zu entdecken gibt? Anhand von gezielten Fragen gehen die Kinder unter anderem folgenden Fragen nach:

- Über welche Länder erstrecken sich die Alpen?
- Durch welche Länder fließen der Rhein, die Donau, die Oder?
- Welche Länder liegen am Mittelmeer, welche an der Nordsee, welche an der Ostsee?

Hilfreich bei der Beantwortung dieser spannenden Fragen sind Landkarten, Atlanten und Sachbücher.

Unterschiede entdecken

Neben vielen Gemeinsamkeiten gibt es in Europa auch zahlreiche Unterschiede und Besonderheiten zu entdecken. Helfen Sie den Kindern wieder mit gezielten Fragen bei ihrer Erkundungstour durch Europa:

- Welches Land hat die größte / die kleinste Fläche?
- In welchem europäischen Land gibt es den höchsten / niedrigsten Berg?
- Welches europäische Land hat die längste / gar keine Meeresküste?
- Welches europäische Land hat die größte Hafenstadt / den größten Flughafen?
- Welches Land hat die meisten / wenigsten Einwohner?
- Welche Hauptstadt Europas hat die meisten / wenigsten Einwohner?

Ländersteckbriefe

Besprechen Sie gemeinsam mit den Kindern, für welche europäischen Länder sie sich besonders interessieren und wer allein oder in Zweiergruppen zu welchem dieser Länder einen Steckbrief erstellen möchte. Für jedes Land sollte allerdings nur ein Steckbrief angefertigt werden, damit die Kinder möglichst viele Informationen über Europa zusammentragen und eine umfassende Infogalerie entsteht. Die Steckbriefe sollten beispielsweise folgende Informationen enthalten:

- Name des Landes
- Umriss und Größe der Fläche
- Einwohnerzahl
- Hauptstadt
- Sehenswürdigkeiten
- Währung
- Sprache

Länderinfos

Viele Institutionen und Suchmaschinen bieten im Internet kurze und verständliche Informationen zu den Ländern Europas. Da sich diese jedoch meist auf Länder der Europäischen Gemeinschaft beschränken, müssen Sie mit den Kindern unter Umständen auf mehreren Seiten nach den gewünschten Informationen suchen:
www.europa-einfach.de
www.wikipedia.de

Urlaubsländer in Europa

In den Ferien verreisen viele Kinder ins Ausland. Dort sammeln sie neue Eindrücke und Erfahrungen. Bitten Sie diese Kinder, den anderen von ihren Reiseerlebnissen zu berichten. Für die Erzähler selbst ist es bestimmt schön, wenn ihnen alle aufmerksam lauschen. Und für die Zuhörer sind diese Berichte sicherlich sehr interessant. Damit die Erfahrungen und Beobachtungen der erzählenden Kinder vergleichbar sind, beantworten sie zu jedem Land die gleichen Fragen:

- Welches Land hast du bereist?
- War dein Urlaubsort am Meer / in den Bergen?
- Wie bist du dorthin gekommen?
- Wie lange dauerte die Fahrt / der Flug dorthin?
- Welches Klima war dort?
- Welche Pflanzen hast du dort gesehen, die hier üblicherweise nicht wachsen?
- Welche Tiere hast du dort gesehen, die hier üblicherweise nicht leben?

Die Antworten werden auf einer speziellen Urlaubskarte notiert. Fertigen Sie eine Europakarte an, die nur die Umrisse und Namen aller Länder enthält. Deutschland als Ausgangspunkt aller Urlaubsreisen wird mit einer auffallenden Farbe gekennzeichnet. Die Informationen zu den bereisten Ländern werden mit kleinen Symbolen dargestellt:

- Verkehrsmittel: Bus, Auto, Bahn, Flugzeug, Schiff
- Wetter: Sonne, Wolken, Regen, Schnee
- Pflanzen: Palmen, Kakteen, Tannen, Laubbäume
- Landschaft: Berge, Fluss, See, Meer, Flachland
- Tiere: Esel, Stier, Elch, Qualle, Delfin

Auf diese Weise entsteht ein interessantes und dekoratives Schaubild, das sich die Kinder bestimmt gern ansehen werden und das zu Gesprächen animiert.

Urlaubsmitbringsel

Fragen Sie die Kinder, ob sie einen besonderen Gegenstand aus ihrem Urlaub mitbringen können. Informieren Sie ihre Eltern mit einem Elternbrief über Ihr Projekt zum Thema »Europa« und bitten um ihre Unterstützung, damit möglichst viele Mitbringsel zusammenkommen. Gebraucht werden zum Beispiel:

- Postkarten oder Fotos mit landestypischen Motiven
- Eintrittskarten
- Fahrscheine
- Briefmarken
- Zeitungen
- Muscheln, Sand und Steine
- Miniatursehenswürdigkeiten

Alle Gegenstände werden auf einem Tisch ausgelegt. Nachdem die Kinder diese Sammlung eingehend betrachtet haben, setzen sie sich im Kreis um die Mitbringsel herum. Nacheinander nimmt jedes Kind einen Gegenstand, zeigt ihn den anderen und erklärt, aus welchem Land dieser stammt und zeigt dieses Land auf der Europakarte.

Experimente mit dem Kompass

Haben sich die Kinder schon mal gefragt, welcher Himmelsrichtung sie folgen müssen, um in bestimmte Länder zu gelangen? Interessant ist die Frage, wenn sie wie ein Flugzeugpilot oder Schiffskapitän den richtigen Kurs bestimmen sollen.

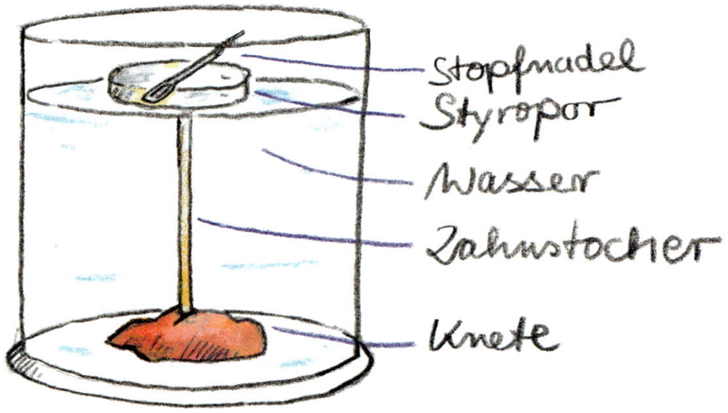

Wie ein Kompass funktioniert

Besprechen Sie jetzt mit den Kindern, dass es auf unserer Erde im Bereich des Süd- und Nordpols besonders starke Magnetfelder gibt. Diese enormen Magnetfelder sind vor allem durch flüssige Metallströme im Erdkern entstanden. Eine Kompassnadel reagiert auf diese Kräfte und pendelt sich immer in Nord-Süd-Richtung ein. Das können die Kinder selbst ausprobieren. Für dieses Experiment brauchen sie:

- 1 flaches Stück Styropor
- 1 Stopfnadel
- 1 Wasserglas
- 1 Stück Knetgummi
- 1 Zahnstocher
- 1 Magnet
- Zirkel, Schere
- Klebeband und Folienstift

Die Kinder zeichnen mit dem Zirkel einen Kreis auf die Styroporplatte und schneiden ihn aus. Die Styroporscheibe muss in das Glas passen, ohne es an den Rändern zu berühren. Dann drücken sie den Knetgummi auf den Glasboden und stecken den Zahnstocher aufrecht hinein. Nun wird das Glas so hoch mit Wasser gefüllt, dass nur die Spitze des Zahnstochers über dem Wasserspiegel sichtbar ist. Nach diesen Vorbereitungen streichen die Kinder das Ende eines Magneten etwa 30 Mal in derselben Richtung über die Stopfnadel, sodass sie sich magnetisch auflädt. Die magnetisierte Nadel wird mit Klebefolie auf der Styroporscheibe befestigt und vorsichtig in das Glas gelegt, sodass sie nach oben zeigt und mit ihrer Mitte ganz leicht auf der Spitze des Zahnstochers liegt. Nun schwimmt die Scheibe auf dem Wasser und dreht sich langsam im Kreis. Der Erdmagnetismus wirkt auf die Nadel und richtet sie in Nord-Süd-Richtung aus. Sobald sich der Kompass eingependelt hat, bringen die Kinder am Außenrand des Glases einen Streifen Klebefolie an und markieren mit Folienstift die angezeigten Himmelsrichtungen.

Experimente mit dem Magneten

Um den Kindern zu verdeutlichen, wie ein Kompass funktioniert, sollten sie zunächst mit einem Magneten experimentieren. Magnete können Dinge anziehen, ohne sie zu berühren. Das ist sehr beeindruckend und sieht oftmals wie Zauberei aus. Doch nicht alle Dinge lassen sich von einem Magneten anziehen. Finden die Kinder heraus, welche Dinge sie mit einem Magneten anziehen können und welche nicht?

Einen Kompass bauen

Wenn die Kinder Spaß am vorigen Experiment haben, möchten sie vielleicht selbst einen Kompass bauen. Für diese Aufgabe brauchen sie ein wenig Geschicklichkeit, etwas Geduld und folgende Materialien:

- 1 größere Nähnadel
- 1 Schraubverschluss einer Getränkeflasche aus Aluminium oder Kunststoff (Durchmesser entsprechend der Länge der Nähnadel)
- 1 starken, möglichst stabförmigen Magneten
- 1 kreisförmige Papierscheibe

Zunächst fertigen die Kinder eine Papierscheibe an, die so in den Schraubverschluss passt, dass sie den Rand nicht berührt. Diese Scheibe beschriften sie mit allen vier Himmelsrichtungen und kleben sie in den Schraubverschluss.

Anschließend stellen sie mit dem Magneten und der Nähnadel eine Kompassnadel her, indem sie den Magneten gleichmäßig vom Kopf zur Spitze der Nadel streichen. Dabei dürfen sie den Magneten nicht hin- und herbewegen, sondern müssen ihn jeweils an der Nadelspitze abheben, um ihn am Kopf erneut aufzusetzen und den Vorgang zu wiederholen. Danach legen sie die präparierte Nadel vorsichtig auf den Flaschenverschluss. Sie wird aber noch nicht aufgeklebt, weil die Kinder erst noch bestimmen müssen, wo der Norden und wo der Süden ist. Dafür setzen sie den Schraubverschluss mit der Nadel vorsichtig in eine mit Wasser gefüllte Untertasse, sodass er frei im Wasser schwimmen kann. Nun müssen die Kinder nur noch wissen, wo sich der Nordpol befindet. Dies können sie leicht herausfinden, wenn die Sonne scheint. **Achtung:** Der Magnet, den die Kinder zum Magnetisieren der Nadel verwendet haben, muss zuvor möglichst weit weg abgelegt werden, damit er den Kompass nicht in die falsche Richtung lenkt!

Nun stellen sich die Kinder mit dem Körper in Richtung Osten auf. Das ist dort, wo die Sonne aufgegangen ist. Sagen Sie ihnen, dass sie den linken Arm vom Körper weg bewegen sollen. Er zeigt nun nach Norden. Wenn die Nadel jetzt ebenfalls auf Norden zeigt, dann ist der Kompass richtig eingestellt. Wenn nicht, wird die Nadel einfach herumgedreht. Jetzt kann die Nadel auf der Papierscheibe festgeklebt werden. Fertig ist der Kompass!

Erklärung

Die Erde ist selbst ein großer Magnet mit einem Nordpol im Norden und einem Südpol im Süden. Weil sich verschiedene Magnetpole gegenseitig anziehen, lässt sich mit einem kleinen, beweglichen Magneten feststellen, wo der magnetische Nordpol ist. Folglich richtet sich die magnetisierte Nähnadel so aus, dass deren Südpol vom Nordpol der Erde angezogen wird und deren Nordpol vom Südpol der Erde.

Unsere Heimat in Europa

Bevor sich die Kinder als Bürger Europas begreifen können, müssen sie zunächst ein Zugehörigkeitsgefühl für ihre unmittelbare Lebenswelt entwickeln. Das heißt, sie sollten sich zunächst mit ihrem Heimatort und ihren Lieblingsländern auseinandersetzen.

Diorama

Das Wort Diorama stammt aus dem Altgriechischen und bedeutet »hindurchsehen«, »durchschimmern sehen« oder »durchschauen«. Als Diorama wird eine abgedunkelte Schaubühne bezeichnet, die Daguerre im 19. Jahrhundert erfunden hat. Diese Bühne ist mit einem halbdurchsichtigen Prospekt versehen, dessen Vorder- und Rückseite unterschiedlich bemalt ist. Mithilfe wechselnder Beleuchtungen lassen sich damit Bewegungen und Tageszeiten effektvoll simulieren. Diese Technik wird noch heute auf Theaterbühnen genutzt.

Neben diesen Bühnen werden auch Schaukästen mit Krippendarstellungen als Diorama bezeichnet, bei denen Krippenfiguren und Landschaftsformationen vor einem meist halbkreisförmig, bemalten Hintergrund möglichst originalgetreu aufgebaut sind. Diese Dioramen sind häufiger in naturkundlichen und technischen Museen zu finden und teilweise sehr kunstvoll. Die Anwendung verschiedener Maßstäbe für Vorder- und Hintergrund und deren geschickte Ausleuchtung lassen die Übergänge von plastischen Landschaftselementen zum gemalten Hintergrund beinahe verschwinden. Diese Art dreidimensionaler Malerei vermittelt die Illusion von räumlicher Tiefe und beinahe perfekter Wirklichkeit. In Naturkundemuseen gibt es lebensgroße Dioramen, die ausgestopfte oder rekonstruierte Tiere in ihrer scheinbar natürlichen Umgebung zeigen. Dieser Präsentationstechnik bedient sich der Modelleisenbahnbau. Dort wird nicht die gesamte Anlage als Diorama bezeichnet, sondern nur die Landschaftsbereiche und Szenen, in die die Gleisanlagen eingebettet sind.

Reliefkarten aus Gips

Sicherlich haben alle Kinder ein Land, das sie besonders interessant finden und mit dem sie sich gerne intensiver beschäftigen möchten. Greifen Sie dieses Interesse auf und lassen Sie die Kinder ein Gipsmodell von dem Land ihrer Wahl anfertigen.

Für jedes Landschaftsmodell benötigen Sie eine Holzplatte, auf der die Kinder zunächst die Fläche ihres Landes ausformen. Danach bearbeiten sie die topographischen und landschaftlichen Gegebenheiten mit Messer und Feilen. So entstehen Berge, Flüsse, Wälder und Wiesen. Selbstverständlich dürfen auch die wichtigsten Städte nicht fehlen. Sie müssen maßstabgetreu aufgemalt werden.

Ein besonderes Highlight ist es, wenn diese Städte mit kleinen Lämpchen zum Leuchten gebracht werden. Hierfür benötigen Sie einen Schalter, mit dem die Lämpchen verbunden werden.

Diorama von unserer Stadt

In einer kleinen Schachtel oder einem Schuhkarton erstellen die Kinder ein Diorama, das eine Sehenswürdigkeit aus ihrer Umgebung zeigt. Bevor sie mit der Gestaltung ihres dreidimensionalen Modells beginnen, überlegen sie, welche Orte sie besonders mögen oder für Besucher besonders sehenswert sind. Besuchen Sie diese mit ihnen, damit sich die Kinder direkt vor Ort Skizzen und Notizen für ihr Diorama machen können.

Unsere Litfasssäule

Gestalten Sie mit den Kindern eine Litfasssäule, an der sie ihre mitgebrachten Urlaubserinnerungen dekorativ befestigen können. Sie benötigen:

- 1 dicke Teppichrolle oder mehrere dünne Papprollen
- eventuell Tapetenreste, festes Packpapier oder Altpapier
- Kleister
- 1 großen Übertopf für Pflanzen
- Gips
- Farbe

Wenn Ihnen statt einer dicken Teppichrolle mehrere dünne, gleich große Papprollen zur Verfügung stehen, kleben Sie diese mit einer Bahn Raufasertapete zu einer dicken Rolle zusammen. Statt Raufasertapete können sie auch Packpapier oder aus Altpapier selbst hergestelltes Pappmaschee verwenden. Ob die Litfasssäule einen farbigen Anstrich erhalten soll oder nicht, dürfen die Kinder selbst entscheiden. Soll sie einen Farbanstrich bekommen und eventuell sogar noch mit Lack überzogen werden, muss sie erst trocknen, bevor die Kinder sie weiter bearbeiten dürfen. Für den Sockel der Säule mischen Sie das Gipspulver mit Wasser an, bis ein flüssiges Gemisch entsteht. In dieses Gemisch wird die Säule gestellt und solange festgehalten, bis der Gips fest ist und die Säule allein darin steht. Nun dürfen die Kinder die Litfasssäule mit ihren Mitbringseln nach Herzenslust verzieren. Wie bei einer echten Litfasssäule bleibt das Ergebnis allerdings nicht unverändert. Schließlich wollen auch all jene Gegenstände präsentiert und an der Säule befestigt werden, die die Kinder von ihren nächsten Reisen mitbringen. So bleibt die Säule stets attraktiv und aktuell. Damit sie jederzeit von allen Seiten betrachtet werden kann, sollte sie nun noch einen schönen und geräumigen Platz bekommen, an dem sie frei stehen kann.

Europäische Automarken

Viele Kinder dieser Altersstufe interessieren sich für die Automarken und tauschen ihr Wissen darüber gerne aus. Doch in welchen Ländern werden unsere Autos hergestellt? Opel, VW, Audi, Porsche, Mercedes und BMW kommen aus Deutschland. Aber woher stammen Citrôen, Volvo, Seat, Saab, Rolls Royce, Škoda, Lada oder Fiat? Sammeln Sie mit den Kindern Bilder von europäischen Automarken. Sie sollen sie sich genau ansehen und herausfinden, welche Automarke aus welchem Land kommt. Anschließend gestalten sie aus Gips die Markenzeichen europäischer Autohersteller, beispielsweise den Mercedesstern oder den Peugeot-Löwen.

Europa-Quartett

Gestalten Sie mit den Kindern jeweils vier Spielkarten zu den beliebtesten europäischen Ländern. Damit diese beim Spiel geschützt sind, werden sie mit durchsichtiger Klebefolie versehen. Themen könnten beispielsweise sein:

- Landesname
- Hauptstadt
- Landesflagge
- Sehenswürdigkeit

Es gelten dieselben Spielregeln wie beim herkömmlichen Quartett. Alle Karten werden an die mitspielenden Kinder verteilt. Wenn ein Kind vier zusammengehörige Karten eines Landes in den Händen hält, legt es diese vor sich auf den Tisch. Ansonsten wird der Reihe nach vom Nachbarkind eine verdeckte Karte gezogen. Gewonnen hat das Kind, das als Erstes keine Karten mehr in den Händen hält.

Sprachen spielend lernen

Fremdsprachen »sammeln«

Die Kinder bilden Kleingruppen und haben die Aufgabe, Fremdsprachen zu »sammeln«. Jede Gruppe entscheidet zunächst mit Ihrer Hilfe, welche Sprache sie aufnehmen möchte und welche Personen als Interviewpartner dafür in Betracht kommen. Beschließt eine Gruppe beispielsweise die italienische Sprache näher kennen zu lernen, könnten sie dazu ein befreundetes Kind, ein italienisches Elternpaar oder den Pizzabäcker aus der Nachbarschaft interviewen. Hat sich jede Gruppe für eine Fremdsprache und den passenden Interviewpartner entschieden, überlegen alle gemeinsam, welche Fragen gestellt werden sollten. Notieren Sie diese Fragen, um daraus einen Fragenkatalog zu entwickeln. Damit die Kinder ihre neuen Sprachkenntnisse spielerisch im Alltag anwenden können, sollten sie unter anderem nach folgenden Redewendungen fragen:

- Guten Morgen! Guten Tag! Guten Abend! Gute Nacht!
- Bitte! Danke!
- Wie geht es dir? Danke, mir geht es gut.
- Wie heißt du? Mein Name ist ...
- Wie alt bist du?
- Was ist das? Wie heißt das?
- Eins, zwei, drei, vier, fünf ... zehn.
- Montag, Dienstag ... Sonntag.
- Januar, Februar, März ... Dezember.

Ausgestattet mit Aufnahmegerät, Mikrofon und den Interviewfragen machen sich die Kinder auf den Weg. Zur vereinbarten Zeit kommen alle wieder zusammen und stellen nacheinander ihre Aufnahmen vor. Besonders spannend sind die Hörproben, wenn die Zuhörer die aufgenommene Sprache erraten müssen.

Erster Kontakt mit Fremdsprachen

Bereiten Sie eine gemütliche Sitzecke vor, die zum Verweilen einlädt. Stellen Sie dort einen CD-Player, einen Kassettenrecorder oder einen Discman hin, den die Kinder allein bedienen dürfen. Organisieren Sie CDs oder Kassetten, auf denen Texte oder Lieder in verschiedenen Sprachen zu hören sind. Zum Reinhören in eine andere Sprache eignen sich sowohl Sprachkurse als auch Musik. Wichtig ist zunächst nur, dass die Kinder ein Gefühl für verschiedene Sprachmelodien und Akzente erhalten.

Fremdsprachen selber lernen

Die meisten öffentlichen Bibliotheken bieten auditive Medien zum Lernen von Fremdsprachen an. Fragen Sie auch die Kinder und deren Eltern, ob sie fremdsprachige Tonträger besitzen und Ihnen diese für einige Zeit ausleihen würden.

Wörterbücher zum Hören …

Gibt es in Ihrer Einrichtung Kinder, die zweisprachig aufwachsen und neben Deutsch eine weitere europäische Sprache beherrschen? Vielleicht ist es bereit, mit den anderen Kindern ein vertontes Wörterbuch zu entwickeln. Realisieren lässt sich das Vorhaben auch mit Eltern oder Studenten aus europäischen Ländern. Fragen Sie doch einmal nach, ob sie bei solch einem Projekt mitmachen würden. Bevor es losgeht, überlegen Sie gemeinsam mit den Kindern, welche Wörter, Begriffe und Redewendungen sie übersetzt haben möchten. Hilfreich sind hierbei kleine Sprachführer für alltägliche Situationen. Halten Sie die Wünsche und Ideen der Kinder schriftlich fest, um auf dieser Grundlage einen Fragenkatalog zu entwickeln. Unabhängig davon, wie umfangreich das Wörterbuch werden soll, sollten Sie ausreichend Zeit einplanen. Es könnte durchaus sein, dass mehrere Termine mit dem Interviewpartner erforderlich werden, da alle Beteiligten bei diesem Vorhaben mit großem Interesse und viel Spaß mitmachen werden. Damit sich alle Kinder aktiv einbringen können und nicht jede Gruppe die gleichen Fragen stellt, sollten sie in Kleingruppen arbeiten und eine klare Aufgabenliste bekommen. Nun müssen Sie nur noch ein Aufnahmegerät und ein Mikrofon organisieren, damit das auditive Wörterbuch mit jeder Sitzung wachsen kann. Da alle Kinder an der Entstehung dieses einzigartigen Sprachführers beteiligt sind, werden sie bestimmt sehr stolz auf ihr gemeinsames Werk sein. Deshalb sollte es nach seiner Fertigstellung feierlich präsentiert werden. Um den festlichen Rahmen hervorzuheben, sollten Sie neben den Kindern auch alle Interviewpartner und Eltern einladen. Vielleicht lassen sich die Aufnahmen sogar vervielfältigen, sodass alle Kinder und Interviewpartner eine Kopie als Erinnerung bekommen und andere Interessenten diese käuflich bei Ihnen erwerben können.

… und zum Lesen

Nicht immer haben die Kinder einen Kassettenrekorder oder CD-Player griffbereit, um ein Wort oder eine Redewendung aus ihrem auditiven Wörterbuch anzuhören. In diesen Fällen ist ein klassischer Sprachführer praktischer, den die Kinder ähnlich wie den auditiven Sprachführer selbst herstellen können. Statt mit Aufnahmegerät, Kassette und Mikrofon arbeiten sie diesmal mit Papier und Bleistift, um die Antworten des Interviewpartners in einem selbst gestalteten Wörterbuch schriftlich zu fixieren. Auch diesmal arbeiten die Kinder wieder in Kleingruppen zusammen, die jeweils eine bestimmte Rubrik zugeteilt bekommen. Die Gruppen sammeln alle wichtigen Begriffe und Redewendungen, unter anderem zu den Themen Kennenlernen und Begrüßung, Einkaufen, Zahlen, Wochentage, Schule, Sport und Hobbys. Neben der richtigen Schreibweise notieren sie jeweils auch die richtige Aussprache, zum Beispiel »ciao *(tschau)*« Auf diese Weise entsteht ein übersichtlich geordnetes Wörterbuch.

Frère Jaques

Text und Melodie: Volkslied aus Frankreich

Bruder Jakob, Bruder Jakob,
schläfst du noch? Schläfst du noch?
Hörst du nicht die Glocken?
Ding dang dong, ding dang dong.

Französische Version
Frère Jaques, frère Jaques,
dormez-vous, dormez-vous?
Sonnez les matines, sonnez les matines.
Ding ding dong, ding ding dong.

Englische Version
Are you sleeping, are you sleeping,
brother John, brother John?
Morningbells are ringing,
ding ding dong, ding ding dong.

Dänische Version
Mester Jakob, Mester Jakob,
sover du? Sover du?
Hører du ej klokken? Hører du ej klokken?
Bim bam bum, bim bam bum.

Italienische Version
Frà Martino, campanaro,
dormi tu? Dormi tu?
Suona le campane! Suona le campane!
Din don dan, din don dan.

Spanische Version
Martinillo, martinillo,
donde esta? Donde esta?
Toca la campana, toca la campana.
Din don dan, din don dan.

Ungarische Version
János bácsi, János bácsi,
keljen fel? Keljen fel.
Szólnak a harangok, szólnak a harangok.
Bim bam bom, bim bam bom.

Schwedische Version
Broder Jakob, broder Jakob,
sover du? Sover du?
Hör du inte klockan? Hör du inte klockan?
Ding ding dong.

Sur le pont d'Avignon

Text und Melodie: volkstümlich

Refrain:

Sur le pont d'Avignon, l'on y danse, l'on y danse.
Sur le pont d'Avignon, l'on y danse tout en rond.

1. Les beaux messieurs font comme ci et puis encore comme ça.
2. Les belles dames font comme ci et puis encore comme ça.
3. Les cordonniers font comme ci ...
4. Les blanchisseurs font comme ci ...
5. Les musiciens font comme ci ...

Auf der Brücke (Deutsche Version)

Refrain:

Auf der Brücke von Avignon, da tanzen die Leute, da tanzen die Leut'.
Auf der Brücke von Avignon tanzen die Leute im Kreis.

1. Die edlen Herren machen es so und dann auch wieder so.
2. Die schönen Damen ...
3. Die Schuhmacher ...
4. Die Wäscherinnen ...
5. Die Musikanten ...

On the Bridge (Englische Version)

Refrain:

On the bridge at Avignon, there we dance, there we dance.
On the bridge at Avignon, there we dance round in a ring.

1. The fine gentlemen move like this and then again move like this.
2. The lovely ladies move like this ...
3. The gardeners move like this ...
4. The washerwomen move like this ...
5. The musicians move like this ...

Pont St.-Bénézet in Avignon

Der Legende nach baute der Schafhirte Bénézet auf Gottes Geheiß die Brücke im Jahre 1187 über die Rhône. Mit ihren 900 Metern war sie die längste Brücke des Mittelalters. Ein Hochwasser im Jahre 1665 zerstörte diese Brücke so stark, dass nur noch drei Bögen und die romanisch-gotischen Brückenkapelle erhalten blieben. Das Lied »Sur le Pont d'Avignon« machte diese Brücke weltweit bekannt.

Sag hallo zu Nessie (Das Nessie-Lied)

Text und Musik: Stephen Janetzko, Edition SEEBÄR-Musik, Erlangen
Info: www.kinderlieder-und-mehr.de

1. Unten aus dem Meer, unten aus dem Meer,
da kommt Nessie her, da kommt Nessie her.
Sie wohnt in Loch Ness. Sie wohnt in Loch Ness.
Sitzt in Schottland fest, sitzt in Schottland fest.

Refrain:
Sag hallo zu Nessie,
Hals lang, Kopf klein, lebt allein.
Sag hallo zu Nessie, sag hallo zu Nessie,
Hals lang, Kopf klein, lebt allein.

2. Ein Mönch, lang ist's her, ein Mönch, lang ist's her,
fürchtet sich nicht mehr, fürchtet sich nicht mehr,
sah vom Seitenrand, sah vom Seitenrand,
wie sie rasch entschwand, wie sie rasch entschwand.

Refrain

3. Menschen, fern und nah, Menschen, fern und nah,
jagten Jahr um Jahr, jagten Jahr um Jahr,
mit Schiff und von Land, mit Schiff und von Land.
Keiner Nessie fand, keiner Nessie fand.

Refrain

4. Kommst du zum Loch Ness, kommst du zum Loch Ness,
mach den Monster-Test, mach den Monster-Test.
Siehst du Nessie dann, siehst du Nessie dann,
fang zu singen an, fang zu singen an:

Refrain

Spielidee: In den Strophen wird jede Zeile wiederholt. Am besten übernehmen Sie die Rolle des Vorsängers und die Kinder singen im Chor die Wiederholung. Im Refrain machen Sie mit dem Chor gemeinsam folgende Bewegungen:
Sag hallo zu Nessie – *3 x in die Hände klatschen.*
Hals lang – *Mit einer Hand am Hinterkopf kurz den Nacken herunter streichen, um die Länge zu demonstrieren.*
Kopf klein – *Beide Hände auf den Kopf legen, als würde er zusammengepresst.*
lebt allein – *Einmal drehen.*
Statt »Sag hallo zu Nessie« kann auch »Ungeheuer Nessie« gesungen werden.

Unsere Europa-Zeitung

Stellen Sie mit den Kindern eine Projektzeitung her, in der sie die Ergebnisse und Erforschungen festhalten. Die Inhalte der Zeitung sollten sie so weit wie möglich selbst erstellen dürfen. Wenn sie jedoch Hilfe benötigen, bieten Sie ihnen die erforderliche Hilfestellung an.

Die erste Zeitung

Für die Kinder wird die erste selbst produzierte Zeitung unvergesslich bleiben und sie immer wieder an das Europaprojekt erinnern. Vervielfältigen Sie die erste Ausgabe der frisch gegründeten Zeitungsredaktion für jedes Kind einmal. Vielleicht möchten die Kinder ihre Zeitung auch an die Lokalpolitiker, die benachbarten Schulen und die örtliche Presse schicken? In dem Fall sollte ein kurzes persönliches Begleitschreiben beigelegt werden, in dem die Hintergründe für das Zeitungsprojekt deutlich werden. Eine gute Gelegenheit, um die Projektzeitung an Eltern, Presse, Politiker, Vertreter von Schulen und andere Interessierte zu verteilen, bietet eine kleine Feier zum Abschluss der Projektwochen. Beim Abschied erhalten alle geladenen Gäste, Eltern und Kinder eine Zeitung als Erinnerungsgeschenk.

Das Redaktionsbüro

Um die Kinder für das Schreiben von Reportagen oder Fachartikeln zu begeistern, richten Sie mit ihnen gemeinsam ein kleines Redaktionsbüro ein. Dieser Arbeitsbereich sollte zumindest mit folgenden Einrichtungs- und Bürogegenständen ausgestattet sein:

- 1 Konferenztisch mit Stühlen
- 1 Schreibtisch
- 1 Schreibmaschine oder Computer
- Notizblöcke und Stifte
- 1 Digitalkamera oder 1 Fotoapparat

Das Redaktionsteam

Zum Mitmachen motivieren können Sie die Kinder, indem Sie ein Zeitungsteam zusammenstellen. Ernennen Sie die Mitglieder des Teams zu Redakteuren und überreichen Sie Ihnen selbst gemachte Presseausweise. Führen Sie regelmäßig Redaktionssitzungen durch, in denen Sie mit den Nachwuchsredakteuren besprechen, wer welche Artikel schreiben möchte und wer welche Hilfe benötigt. Besprechen Sie in dieser Runde auch die fertigen Artikel, bevor diese zur Information der anderen Kinder und der Eltern veröffentlicht werden. Auf diese Weise erleben die Nachwuchsredakteure wie wichtig Zusammenarbeit im Team ist, während ihr Engagement die gesamte Projektarbeit transparent macht und alle anderen zum Mitmachen motiviert.

ab 8 Jahre

Melodien und Tänze

Eurovisionsmelodie

Spielen Sie den Kindern die Eurovisionsmelodie vor. Erkennen sie diese Melodie? Was verbinden sie damit? Wahrscheinlich ist sie vielen Kindern bekannt, da sie stets zu Beginn der europaweit ausgestrahlter Galasendungen, Konzerte oder Fernsehshows wie »Wetten dass« gespielt wird. Diese Melodie eignet sich gut als Begrüßungsmusik bei einem Fest zum Abschluss des Europaprojekts. Dabei könnten die Kinder mit selbst gemachten Flaggen in den Festsaal einmarschieren.

Der Komponist der Eurovisionsmelodie

Der französische Komponist Marc-Antoine Charpentier lebte von 1634 bis 1704, zu Zeiten von Sonnenkönig Ludwig XIV, in Paris. Unter anderem schuf er vier Tedeum, wovon das Präludium des Te Deum in D-Dur seit 1954 als Eurovisionsmelodie bekannt ist.

Nationalhymnen

Vielleicht sind Sie im Besitz von Aufnahmen mit verschiedenen europäischen Nationalhymnen? Oder haben Sie die Möglichkeit, sich diese auszuleihen? Falls nicht, sind diese auch im Internet als Audio-Dateien (MIDI-Files) erhältlich. Hören Sie sich mit den Kindern verschiedene Nationalhymnen an. Welche gefallen den Kindern? Welche eher nicht? Vielleicht können einige Kinder sogar mitsingen? Machen Sie doch mal ein Nationalhymnenraten. Voraussetzung dafür ist, dass die Kinder Freude an den Melodien haben, diese gerne hören und kennen lernen möchten. Spielen Sie nacheinander ein paar Hymnen ein. Welches Kind erkennt sie?

Wir tanzen den Sirtaki

Der Sirtaki wird im offenen Kreis getanzt. Er kann aber auch in einer Reihe oder im geschlossenen Kreis getanzt werden. Die Kinder haken ihre beidseitigen Nachbarn mit den Armen über beziehungsweise unter der Schulter ein. Der Sirtaki beginnt mit langsamen Tanzschritten und wird stetig schneller. Üben Sie mit den Kindern eine vereinfachte Form des griechischen Volkstanzes ein:

- Die Kinder machen mit dem linken Bein einen Schritt zur Seite.
- Mit dem rechten Bein einen Kick nach vorn machen.
- Die Kinder machen mit dem rechten Bein einen Schritt zur Seite.
- Mit dem linken Bein einen Kick nach vorn machen.
- Die Kinder machen mit dem linken Bein einen Schritt zur Seite.
- Mit dem rechten Bein einen Kick nach vorn machen.
- Nun wiederholen sie die Schrittfolge.

Der Sirtaki

Ursprünglich wurde der Sirtaki für den Film »Alexis Sorbas« kreiert und zur Musik von Mikis Theodorakis getanzt. Dieser Volkstanz ist deshalb relativ jung. Kombiniert wurde er aus den Elementen von zwei griechischen Volkstänzen: dem Chassapiko und dem Chassaposerviko. Heutzutage ist der Sirtaki Bestandteil vieler Volkstanzgruppen. Der schnelle und lebensfrohe Tanz wird oft auf Hochzeiten, Familienfeiern, in griechischen Tavernen und bei vielen anderen Gelegenheiten getanzt.

Holzschuhtanz

Organisieren Sie Holzschuhe, Clogs oder vielleicht sogar echte holländische Klompen. Je mehr Paare Sie ausleihen oder zusammentragen können, desto mehr Kinder können den Holzschuhtanz zusammen einüben. Es wird den Kindern bestimmt Spaß machen, einen eigenen, selbst ausgedachten Holzschuhtanz einzustudieren und diesen beim nächsten Fest aufzuführen. Wichtig bei diesem Tanz ist, dass die Kinder so oft wie möglich mit den Füßen auf den Boden stampfen. Dabei variieren Geschwindigkeit und Rhythmus, während die Hände beim gesamten Tanz in die Seiten gestützt werden. Beispiele für Tanzschritte:

- Die Kinder schwingen einmal das linke Bein über das rechte und das rechte über das linke Bein.
- Sie kommen hüpfend in der Mitte zusammen und tanzen auf die gleiche Weise rückwärts zurück.
- Die Kinder laufen im Kreis herum.
- Die Füße werden abwechselnd zum Po hochgenommen, danach auf den Boden gestampft.
- Mit geschlossenen Beinen springen die Kinder in die Mitte des Kreises, danach wieder zurück.
- Mit geschlossenen Beinen springen die Kinder nach rechts und nach links.
- Sie bilden Paare und tanzen eingehakt im Hopserlauf mal rechts und mal links herum.

Überlegen Sie mit den Kindern, welche Schritte sie wie oft und in welcher Reihenfolge einsetzen sollen. Am besten beginnen sie mit wenigen Tanzsequenzen und üben weitere Schritte erst ein, wenn sie diese sicher beherrschen.

Staffel- und Wettkampfspiele

Stadt, Land, Fluss

Die Kinder sitzen in Kleingruppen zusammen. Jede Gruppe erhält einen Stift und ein Blatt Papier, das Sie vorher in Rubriken Stadt, Land, Fluss, Gebirge, See und Länderkennzeichen unterteilt haben. Des Weiteren legen Sie für jede Gruppe einen Atlas und Informationsmaterial zu den Rubriken bereit.

Anschließend geht ein Kind einer Gruppe in Gedanken das Alphabet durch. Ein Kind einer anderen Gruppe ruft nach einiger Zeit »Stopp«. Der Buchstabe, den das Kind dann gerade laut gedacht hat, ist der Anfangsbuchstabe der gesuchten Begriffe, die in jede Rubrik eingetragen werden müssen. So schnell wie möglich versuchen die Gruppen alle Rubriken ihrer Zettel auszufüllen. Je besser das Team zusammenarbeitet, desto größer ist die Wahrscheinlichkeit, dass es zuerst fertig ist. Wichtig ist hierbei, dass sich die gefundenen Begriffe nur auf die Länder Europas beziehen dürfen.

Entscheiden Sie, welches Zeitlimit Sie wählen. Entweder beenden Sie nach einer bestimmten Zeit die Spielrunde oder die Mannschaft, die als Erste alle Begriffe gefunden hat, ruft laut »Stopp«. Bewertet werden nur die Wörter, die keine andere Gruppe in der entsprechenden Rubrik hat. Dafür bekommt die Mannschaft einen Punkt gutgeschrieben.

Verständigungswirrwarr

In Europa werden viele Sprachen gesprochen. Eine reibungslose Kommunikation kann vor allem dann erschwert werden, wenn die Menschen verschiedener Sprachen gleichzeitig etwas mitteilen möchten. Bei diesem Spiel benötigen Sie viel Platz. Da es auch recht laut zugeht, eignet es sich gut für draußen. Die Kinder bilden drei Gruppen, die sich im Abstand von etwa 10 Meter in einer Reihe aufstellen. Die erste Gruppe überlegt sich einen Satz, den sie der dritten Gruppe mitteilen muss. Die zweite Gruppe in der Mitte muss das verhindern, indem sie ununterbrochen so laut wie möglich in einer Quatschsprache dazwischen brüllt. Stoppen Sie die Zeit, die die dritte Mannschaft benötigt, um den zugerufenen Satz zu verstehen. Danach tauschen die Gruppen die Plätze.

Liegestühle reservieren

Bei ihrem Urlaub in einer Hotelanlage haben die Kinder sicher schon einmal beobachten können, dass einige Touristen »ihren« Liegestuhl bereits vor dem Frühstück mithilfe eines Handtuchs reservieren. Diese unliebsame Angewohnheit lässt sich gut als Staffel nachspielen. Legen Sie einige Matten im Raum oder auf einer Wiese aus. Sie stellen die Liegestühle dar. Die Kinder bilden zwei Gruppen. Jedes Kind bekommt ein Handtuch. Auf Ihr Zeichen laufen die beiden ersten Kinder los und reservieren einen Liegestuhl mit ihrem Handtuch. Wenn das Handtuch liegt, läuft das nächste Kind der Gruppe los. Gewonnen hat die Gruppe, deren Kinder die meisten Liegestühle mit den Handtüchern belegen konnten.

Variation: Erhöhen Sie das Spieltempo, indem Sie eine dritte Gruppe bilden. Diese Gruppe übernimmt die Rolle des Hotelpersonals, welches die ausgelegten Handtücher von den »Liegestühlen« entfernt.

Länderandenken sammeln

Verteilen Sie mehrere Matten kreisförmig im Raum. Diese stellen die Länder Europas dar. Verteilen Sie verschiedene Materialien auf den Matten. Legen Sie beispielsweise in Frankreich einige Muscheln ab, in Österreich einige Steine und in Ungarn einige Postkarten. Die einzelnen Matten verbinden Sie mit Springseilen, sodass ein Straßennetz entsteht. Weitere Seile führen von den Ländern direkt in die Mitte des Raumes. Dort stehen mehrere kleine Kästen nebeneinander.
Teilen Sie die Kinder in gleich große Kleingruppen ein. Bei diesem Wettkampfspiel tritt jede Mannschaft einzeln an. Alle Kinder der ersten Gruppe stehen auf einem Land. Auf Ihr Zeichen geht es los. So schnell wie möglich sammeln sie die ausgelegten Gegenstände, balancieren über die Seile hinweg zur Mitte, sortieren die Materialien in die dafür bereitgestellten Kästchen und balancieren zurück ins nächste Land, um weitere Gegenstände aufzuheben und zur Sammelstelle zu bringen. Wichtig ist, dass die Gegenstände einzeln dorthin gebracht werden. Die Kinder können sich so aufteilen, dass jedes in einem anderen Land die jeweiligen Materialien sammelt. Stoppen Sie die Zeiten der Gruppen und vergleichen Sie alle Zeiten miteinander. Es gewinnt die Mannschaft, die als schnellste alle Andenken zu den Sammelstellen gebracht hat.

Kutschfahrt durch Europa

Für dieses Wettkampfspiel benötigen Sie pro Gruppe:

- 1 Springseil
- 1 Teppichfliese oder Bodentuch

Markieren Sie die Rennstrecke und stellen Sie europäische Flaggen auf, die von den Kindern im Slalomlauf umrundet werden müssen. Die Kinder bilden Dreiergruppen. Ein Kind steht in der Kutsche – auf der Teppichfliese – und wird von den zwei anderen Kindern – den Pferden – über die Strecke gezogen. Welche Kutsche ist am schnellsten im Ziel? Nach der Runde wechseln die Kinder die Rollen, sodass jedes einmal von den Pferden gezogen wird.

Autowettfahrt durch Europa

Sie benötigen zwei große Pappkartons, deren Unterseiten herausgetrennt werden, damit sich die Kinder hineinstellen können. Bauen Sie den Parcours auf, der unter anderem folgende Hindernisse bereithält:

- *Berg:* Zwei Turnbänke werden so auf einen Kasten gestellt, dass die Kinder bergauf und bergab laufen können.
- *See:* Ein großes Tuch wird auf den Boden gelegt. Die Kinder müssen einmal um das Tuch laufen.
- *Schild mit Richtungsänderung:* Die Kinder müssen ein Stück rückwärts laufen.

Die Kinder bilden zwei Gruppen. Die ersten Kinder der Mannschaften steigen in den Pappkarton und begeben sich an die Startlinie. Auf Ihr Zeichen laufen sie mit ihrem Auto los. Das heißt, beim Laufen halten sie ihren Karton an den Seitenwänden fest. Wenn sie die Hindernisstrecke durchlaufen haben, übergeben sie dem nächsten Kind ihrer Mannschaft das Auto. Es gewinnt die Gruppe, deren Teammitglieder als schnellste den Hindernisparcours bewältigt haben.

Tipp: Die Mannschaften gestalten im Vorfeld ihr Auto, indem sie es bemalen, beschriften und mit Papprädern versehen. Mit den persönlich gestalteten Autos wird die Wettfahrt den Kindern bestimmt noch mehr Spaß bereiten.

Spiel ohne Grenzen

Beschließen Sie das Projekt »Europa« mit einem Fest unter dem Motto »Spiel ohne Grenzen«, bei dem mehrere Mannschaften verschiedene Stationen durchlaufen und gemeinsam meistern müssen. Laden Sie dazu alle Eltern, Freunde und Interessierte ein.

Dekorative »Hingucker«

Bei einem stimmungsvollen Fest darf die passende Dekoration natürlich nicht fehlen.

- Mit Stoffmalfarbe bemalen die Kinder weiße Tücher in den Nationalfarben der europäischen Länder. So entstehen große Länderfahnen, die Sie überall aufhängen können.
- Basteln Sie mit den Kindern kleine Wimpel, die Sie an eine Leine kleben.
- Bereiten Sie Tische und Wände vor, auf denen die Projektergebnisse und Kunstwerke präsentiert werden.

Mithilfe der Eltern

Bestimmt bringen die Eltern zu diesem Fest gerne Gebäck und Kuchen mit. Bitten Sie auch um ihre aktive Mithilfe beim Auf- und Abbau, beim Buffet und bei den Spielen. Die Kinder freuen sich meist sehr, wenn ihre Eltern aktiv mitmachen.

Gruppenfoto

Eröffnen Sie die »Spiele ohne Grenzen« mit einem besonderen Fototermin. Nacheinander stellen sich alle Mannschaften für ein Gruppenfoto auf, um sich von den Redaktionsmitgliedern der Projektzeitung fotografieren zu lassen. Da die Zeitungsmacher selbst aktiv an den Spielen teilnehmen, sollten sie ihre Einsätze untereinander genau absprechen.

Mannschaftsbildung

Je zwei bis vier Personen bilden eine Mannschaft. Da es keine Altersbeschränkung gibt, sollten Sie bei der Zusammenstellung der Gruppen auf die gleichmäßige Mischung achten und gegebenenfalls helfend eingreifen. Jede Gruppe meldet sich bei Ihnen an, um die Starterlaubnis für ein bestimmtes Land zu erhalten. Um zu erfahren, für welches Land ihre Mannschaft startet, zieht ein Gruppenmitglied aus einem Beutel eine Fahne. Notieren Sie sich die Namen der Mitglieder und das im Losverfahren zugeordnete Land. Diese Angaben brauchen Sie für die spätere Siegerehrung.

Spielerkleidung und Material

Bereiten Sie vor dem Fest die Kleidung für die Mitspieler vor und legen Sie genügend Materialien bereit:

- für jedes Land 4 Papierfahnen à 20 x 20 Zentimeter
- für jeden Teilnehmer 2 bis 3 Sicherheitsnadeln
- für jede Mannschaft 1 Laufzettel, auf dem die einzelnen Stationen und die benötigte Zeit eingetragen werden
- Stifte

Jeder Teilnehmer erhält seine Flagge, beschriftet diese mit seinem Namen und befestigt sie dann gut sichtbar am T-Shirt. Nun können die Mitspieler eindeutig ihrer jeweiligen Gruppe zugeordnet werden.

Spielstationen vorbereiten

Überlegen Sie sich, welche Stationen die Mannschaften bewältigen sollen, welche Materialien Sie benötigen und welche Vorbereitungen Sie treffen müssen. Hilfreich für Ihr Vorhaben ist eine Checkliste, die Sie gezielt abarbeiten können:

- *Parcours planen:* Wie viele Stationen sollte der Parcours haben? Wo und wie sollen sie aufgebaut sein?
- *Helfer organisieren:* Wie viele Helfer brauchen Sie für die Stationen? Wer fotografiert welche Spielaktionen und welche Mannschaften?
- *Spielregeln aufstellen:* Sollen alle Teilnehmer jede Station durchlaufen? Oder soll jeweils ein Spieler stellvertretend für seine Mannschaft eine bestimmte Station durchlaufen?
- *Punktesystem festlegen:* Die erreichbare Höchstpunktzahl pro Station richtet sich nach der Anzahl der teilnehmenden Gruppen. Sind zwanzig Gruppen am Start, erhält die beste Gruppe zwanzig Punkte. Die anderen Gruppen erhalten je nach Platzierung weniger Punkte.

Station 1: Verkehrte Tour de France

Bei dieser Station gilt es, eine bestimmte Strecke so langsam wie möglich zu bewältigen. Besonders lustig wird das Rennen, wenn sie dabei nur die Wahl zwischen Dreirad, Bobby-Car, Rollbrett und Roller haben. Die langsamste Mannschaft erhält die höchste Punktzahl.

Station 2: Rallye durch Europa

Auch bei dieser Station stehen den Mannschaften nur Rollbretter, Kinderroller, Dreiräder und Bobby-Cars zur Verfügung. Dieses Mal geht es jedoch um Schnelligkeit. Die schnellste Mannschaft erhält die höchste Punktzahl.

Station 3: Der schiefe Turm von Pisa

An dieser Station liegen viele flache Steine bereit. Jede Gruppe erhält ein Brett und muss in der vorgegebenen Zeit so viele der Steine übereinander setzen, dass ein Turm entsteht. Nach Ablauf der Zeit wird die Höhe des Turms gemessen. Die Gruppe, die den höchsten Turm gebaut hat, erhält die höchste Punktzahl.

Station 4: Klimawechsel

Die Klimaunterschiede in den Ländern Europas sind teilweise enorm. Da gilt es, stets die passende Kleidung zu haben. An dieser Station liegen Verkleidungssachen bereit, unter anderem ein Hut, eine Sonnenbrille, ein Schal, eine Jacke, eine Hose und große Schuhe. Mit dieser Verkleidung muss jede Mannschaft die vorgegebene Slalom-Strecke möglichst schnell durchlaufen. Da dies ein Staffellauf ist, müssen alle Gruppenmitglieder nacheinander teilnehmen. Die Gesamtzeit der Mannschaften wird gestoppt. Die schnellste Mannschaft erhält die höchste Punktzahl.

Station 5: Legoland in Dänemark

Aus einer bestimmten Anzahl Legosteine müssen die Gruppen in einer vorgegebenen Zeit eine Sehenswürdigkeit genau nach Plan bauen. Wer die meisten Steine richtig verbaut hat, erhält die höchste Punktzahl.

Station 6: Wissenstest

An dieser Station wird das Wissen der Gruppen abgefragt. Beispielsweise müssen sie folgende Aufgaben und Fragen richtig lösen:

- Nennt fünf europäische Länder und ihre Hauptstädte.
- Welches ist das kleinste / größte europäische Land?
- Durch welche Länder fließt der Rhein?
- In welches Meer mündet die Donau?

Für jede richtige Antwort gibt es einen Punkt.

Station 7: Europa hin und zurück

Im Dreibeinlauf müssen die Mannschaften einen Parcours absolvieren. Dazu werden je zwei Mitspieler einer Gruppe mit je einem Bein aneinander gebunden. Die schnellste Gruppe erhält die meisten Punkte.

Auswertung der Gruppenergebnisse

Nachdem alle Gruppen alle Stationen bewältigt haben, geben sie ihre Laufzettel bei der Jury ab. Während sich die Spieler bei Kakao und Kuchen erholen, zieht sich die Jury für die Auswertung zurück. Nachdem alle Punkte zusammengezählt sind, werden die Laufzettel nach den erreichten Punktzahlen geordnet. Die Gruppe mit den wenigsten Punkten liegt an letzter Stelle, die Gruppe mit den meisten Punkten ist auf Platz Eins.

Siegerehrung

Aus drei unterschiedlich hohen, stabilen Tischen wird ein Podest für die Siegerehrung aufgebaut. Die drei bestplatzierten Gruppen dürfen hinaufsteigen und ihre Ehrung entgegennehmen. Um die Spannung zu steigern und die Aufmerksamkeit aller Teilnehmer zu erhalten, beginnt die Siegerehrung mit den letztplatzierten Gruppen. Nacheinander ruft die Jury jede Mannschaft zu sich und überreicht jedem Mitspieler eine Urkunde. Da alle unabhängig von ihrer Platzierung großen Applaus verdient haben, klatschen alle Zuschauer. Die Teilnehmer der drei besten Mannschaften könnten neben der Urkunde mit einer selbst gemachten Medaille ausgezeichnet werden. Besonders festliche Stimmung kommt auf, wenn bei jeder Mannschaft die Nationalhymne von dem Land eingespielt wird, für das die Teilnehmer gestartet sind.

Europawissen

Es ist doch ganz gut, wenigstens einen Gruß in einer anderen Sprache zu kennen. Zusammen mit einem Lächeln kann es Brücken schlagen ohne viele Worte.

Land	Begrüßung	Verabschiedung
Belgien	Bonjour / Goedemorgen	Au revoir / Tot ziens
Deutschland	Guten Morgen	Auf Wiedersehen
Dänemark	Gud dag	Farvel
Finnland	Hyvää huomenta	Näkemiin
Frankreich	Bonjour	Au revoir
Griechenland	Kali mera	Giasou
Großbritannien	Good morning	Goodbye
Irland	Dia dhuit / Good morning	Slán leat (gälisch) / Goodbye
Italien	Buon giorno	Arrivederci
Luxemburg	Moien bonjour / Salut	Äddi / Au revoir /Salut
Niederlande	Bonjour / Moien	Tot ziens
Österreich	Grüß Gott	Servus
Portugal	Bom dia	Adeus
Schweden	God morgon	AdjöÄddi / Au revoir
Spanien	Buenas dias	Adios

Europa im Überblick

(■ = EU-Mitglieder ■ = EU-Mitglieds-Kandidaten ■ = Nicht-EU-Mitglieder
* = so genannte Zwergenstaaten mit Sonderstatus)

Land (EU-Beitritt)	Hauptstadt	Ländercode	KFZ-Zeichen	Einwohner	Fläche	Währung
Albanien	Tirana	AL	AL	3,1 Mio.	28.750 km²	Lek
Andorra*	Andorra	AD	AND	70.549	468 km²	Euro
Belgien (1951)	Brüssel	BE	B	10,4 Mio.	33.100 km²	Euro
Bosnien-Herzegowina	Sarajewo	BA	BA	3,8 Mio.	51.130 km²	Mark
Bulgarien (EU-Kandidat)	Sofia	BG	BG	7,8 Mio.	110.910 km²	Lew
Dänemark (1973)	Kopenhagen	DK	DK	5,4 Mio.	43.068 km²	Krone
Deutschland (1951)	Berlin	DE	D	82,4 Mio.	356.910 km²	Euro
Estland (2004)	Tallinn	EE	EST	1,4 Mio.	45.125 km²	Krone
Finnland (1995)	Helsinki	FI	FIN	5,2 Mio.	338.130 km²	Euro
Frankreich (1951)	Paris	FR	F	60,7 Mio.	551.500 km²	Euro
Georgien	Tiflis	GE	GE	4,5 Mio.	69.700 km²	Lari
Griechenland (1981)	Athen	GR	GR	11,0 Mio.	131.990 km²	Euro
Großbritannien (1973)	London	GB	GB	59,3 Mio.	244.880 km²	Pfund
Irland (1973)	Dublin	IE	IRL	4,0 Mio.	70.280 km²	Euro
Island	Reykjavik	IS	IS	0,3 Mio.	103.000 km²	Krone
Italien (1951)	Rom	IT	I	57,3 Mio.	301.270 km²	Euro
Kroatien (EU-Kandidat)	Zagreb	HR	HR	4,4 Mio.	56.540 km²	Kuna
Lettland (2004)	Riga	LV	LV	2,3 Mio.	64.589 km²	Lats
Liechtenstein*	Vaduz	LI	FL	34.000.	160 km²	Franken (CH)
Litauen (2004)	Vilnius	LT	LT	3,5 Mio.	65.200 km²	Litas
Luxemburg (1951)	Luxemburg	LU	L	0,5 Mio.	2.586 km²	Euro
Malta (2004)	Valletta	MT	M	0,4 Mio.	320 km²	Lira
Mazedonien (EU-Kandidat)	Skopje	MK	MK	2,1 Mio.	25.715 km²	Denar
Moldawien	Chisinau	MD	MD	4,4 Mio.	33.800 km²	Leu
Monaco*	Monte Carlo	MC/FR	MC	32.000	1,95 km²	Euro
Niederlande (1951)	Amsterdam	NL	NL	16,4 Mio.	37.330 km²	Euro
Norwegen	Oslo	NO	N	4,6 Mio.	323.900 km²	Krone
Österreich (1995)	Wien	AT	A	8,2 Mio.	83.850 km²	Euro
Polen (2004)	Warschau	PL	PL	38,6 Mio.	312.680 km²	Zloty
Portugal (1986)	Lissabon	PT	P	10,5 Mio.	92.390 km²	Euro
Rumänien (EU-Kandidat)	Bukarest	RO	RO	22,4 Mio.	238.391 km²	Lev
Russland	Moskau	RU	RUS	143,2 Mio.	17.075.400 km²	Rubel
San Marino*	San Marino	SM	RSM	28.503	61 km²	Euro
Schweden (1995)	Stockholm	SE	S	8,9 Mio.	449.960 km²	Krone
Schweiz	Bern	CH	CH	7,5 Mio.	41.290 km²	Franken
Serbien und Montenegro	Belgrad	CS	SCG	7,5 Mio.	88.361 km²	Dinar
Slowakei (2004)	Bratislava	SK	SK	5,4 Mio.	49.500 km²	Krone
Slowenien (2004)	Ljubljana	SI	SLO	2,0 Mio.	20.250 km²	Tolar
Spanien (1986)	Madrid	ES	E	41,6 Mio.	504.780 km²	Euro
Tschechien (2004)	Prag	CZ	CZ	10,2 Mio.	78.370 km²	Krone
Türkei (EU-Kandidat)	Ankara	TR	TR	69,7 Mio.	779.452 km²	Lira
Ukraine	Kiew	UA	UA	48,7 Mio.	603.700 km²	Hrywna
Ungarn (2004)	Budapest	HU	H	10,1 Mio.	93.030 km²	Forint
Vatikan*	Vatikanstadt	VA	SCV	805	0,44 km²	Euro
Weißrussland	Minsk	BY	BY	10,1 Mio.	207.595 km²	Rubel
Zypern (2004)	Nikosia	CY	CY	0,7 Mio.	9.250 km²	Pfund

Medien

Sachbücher

Anne-Mareike Endrigkeit, Rainer Endrigkeit:
Die Europa-Werkstatt.
Verlag An der Ruhr, 2000.

Michael Holtmann:
Der große Xenos Europa-Atlas für Kinder.
Xenos, 1999.
Detailgetreue Karten und kindgerechten Texte beantworten (fast) alle Fragen zu den Staates Europas, zu ihrer Geschichte und ihren Bewohnern. Daneben gibt es Übersichtskapitel zur politischen Gliederung Europas, zu seiner Geografie, seinen Landschaften und zu berühmten Persönlichkeiten, die aus Europa stammen.

Jacques Le Goff:
Die Geschichte Europas.
Verlagsgruppe Beltz, 2003.
Spannend und lebendig vermittelt der Autor jungen Lesern 3.000 Jahre europäischer Geschichte. Themen sind unter anderem »Zu Fuß von Europa nach Asien«, »Die ›Barbaren‹ sind die Gründer des Europas der Nationen«, »Die Europäer entdecken den Fall des Apfels« sowie »Fastenzeit und Karneval«.

Norbert Golluch, Johanna Ignjatovic:
Mein großer Atlas zur Europäischen Union.
Betz, 2004.
Farbige Abbildungen und reich illustrierte Landkarten zeigen Landschaften und Städte, Sehenswürdigkeiten und die Besonderheiten Europas. Daneben gibt es zu jedem Land einen Sprachführer.

Dr. Rainer Köthe:
Was ist Was? Band 91 – Brücken.
Der Autor erzählt spannend und sehr anschaulich die Entwicklung des Brückenbaus – von den ersten Holzstegen der Vorzeit über die Holz- und Steinbrücken des Mittelalters bis zu den Stahlbetonkonstruktionen der Gegenwart. Neben naturwissenschaftlich-technischen Aspekten beschreibt er die Rolle von Brücken in der kulturellen Entwicklungen der Menschheit.

Freya Stephan-Kühn:
Menschen, die Europa bauten.
Arena, 2003.
Dieses Buch gibt einen Überblick über die Geschichte Europas, ausgehend von den Höhlen der Steinzeit bis in unsere Tage. Außerdem befasst es sich mit berühmten Persönlichkeiten, die Europa, auf die eine oder andere Weise geprägt haben, zum Beispiel Archimedes, Kaiser Konstantin, Karl der Große, Eleonore von Aquitanien, Michelangelo und Martin Luther.

Ulrike Dr. Reisach, Rainer Dr. Köthe:
Was ist was? Band.113, Europa.
Tessloff Verlag, 2002.
In diesem Sachbuch wird die Entwicklung der Europäischen Union (EU) anschaulich und leicht verständlich erklärt. Themen sind hierbei unter anderem die Institutionen der EU, die Ziele und Aufgaben der Gemeinschaft. Weitere Schwerpunkte sind daneben die Erdgeschichte, die Vegetation, das Klima und die Tierwelt Europas. Zahlreiche Abbildungen, eine ausklappbare Karte sowie ein Länderlexikon von Albanien bis Zypern erhöhen das Lesevergnügen und lassen Europa vor den Augen des Lesers entstehen.
Ein Buch für Kinder ab 8 Jahren, aber ebenso für Erwachsene.

Fachliteratur

Susanne Steffe, Hartmut E. Höfele:
Europa in 80 Tönen.
Ökotopia Verlag, 2002.
Die Autoren stellen vielfältige Spielaktivitäten vor und laden zu einer musikalisch-multikulturellen Reise mit Liedern, Spielen, Tänzen und Geschichten aus den verschiedenen Regionen Europas ein.

Elke Montanari:
Spiel mit Deutsch – Kinder als Sprachforscher und Entdecker.
Verlag Herder 2006.
Dieses Buch motiviert Kinder, Deutsch mit Hilfe ihrer Familiensprachen zu lernen. Die zahlreichen Ideen und Praxisvorschläge lassen sich frei umstellen und mit anderen Sprachfördermethoden und -programmen kombinieren.

Infobroschüren

Entdecke Europa
Europäische Kommission, 2005.
Kindgerechte Informationen mit vielen Quizfragen und Online-Angeboten zum Thema.
http://europa.eu.int/comm/publications/booklets/eu_glance/49/index_de.htm

Der kleine Stern in Europa: Malbuch für Kinder
Europäisches Parlament, 2001.
Spiel- und Aktionsanleitungen, Informationen und Material rund um den Euro als PDF-Datei oder zum Bestellen.
www.europarl.de/service/

Kopiervorlagen: Euro für Kids
Europäisches Parlament, Informationsbüro für Deutschland, 2001.
12 Kopiervorlagen zum Malen, Rechnen und Lernen als PDF-Datei oder zum Bestellen.
www.europarl.de/service/bestellliste.jsp

Spiele

Euro-Taschengeldspiel.
Jumbo Spiel.
Dieses Spiel vermittelt Kindern ab 6 Jahren, dass nicht jedes Schnäppchen auch ein gutes Geschäft ist. Wer sein Geld am geschicktesten anlegt, gewinnt.

Europäische Flaggen.
Ravensburger Spiele.
Ein Puzzle mit 88 Teilen für Kinder ab 5 Jahren.

Europakarte
Ravensburger Spiele.
Puzzle mit 40 Teilen für Kinder ab 4 Jahren.

Europa Tour.
Schmidt Spiele GmbH.
Das Spiel ist für Kinder ab 8 Jahren geeignet. Das Reisespiel führt kreuz und quer durch Europa.

Monopoly – Europa.
Parker Spiel.
Diese einzigartige Sonderedition mit Spielgeld und Zinnfiguren ist für Kinder ab 8 Jahren geeignet. Statt der Straßen kaufen die Mitspieler die Hauptstädte der EU-Mitglieder.

Puzzle Europa
Landeszentrale für politische Bildung Baden-Württemberg (Hrsg).
Das Lernspiel für den Unterricht und außerschulische Bildung vermittelt Kenntnisse über unseren Kontinent. Es können mehrere Personen gleichzeitig mitwirken und sich gemeinsam Informationen über die Länder erschließen.
http://www.lpb.bwue.de/europuzzle/europuzzle.htm

Friedrich Scheck:
Rätselreise durch Europa.
Ravensburger Buchverlag, 1998.
Beim Lösen der Rätsel lernen die Kinder Europas Sehenswürdigkeiten, geografische Besonderheiten, wahre und unglaubliche Fakten, Verkehrsmittel kennen.

Elisabeth Schöberl:
Rätsel-Rallye durch Europa.
Ueberreuter, 2005.
In Ratespielen erfahren die Kinder Wissenswertes über die Geschichte, Geografie, Wirtschaft, Tiere, Pflanzen, Kunst und Kultur sowie zu Sport, Film und Fernsehen. Des Weiteren sind Rätselfragen zu Bräuchen und Besonderheiten der europäischen Staaten zu lösen.

Dieter Krone (Hrsg.):
Europa-Reise für Kinder. Wissen und Spaß rund um Südeuropa.
Verlag Deike, 2005.

Was ist was? Quizblock, Stadt, Land, Fluß – Europa,
Tessloff, 1999.
Die Kinder stellen und beantworten 180 Fragen zu Bauwerken, Hauptstädten, Gebirgen, Flüssen, Landschaften, Grenzverläufen sowie zum europäischen Adel.

DVDs, CD-ROMs

Glamus: EuroTour II
Dieses Gesellschaftsspiel lädt zu einer unterhaltsamen Reise durch die EU und die Länder ihrer Beitrittskandidaten ein. Entstanden ist dieses Spiel mit Unterstützung durch das Auswärtige Amt und das Europäische Parlament.
www.gabartas.de

Hartmut E. Höfele:
Europa in 80 Tönen
Ökotopia Verlag, 2002.

Kennst du Europa?
CD-ROM, Klett Verlag.
Ein Quiz für die ganze Familie mit über 200 Fragen. Das Computerspiel ist für Kinder ab 10 Jahren geeignet.

TKKG: Der Fälscherbande auf der Spur.
Tivola Verlag.
Diesmal dreht sich für die TKKG alles um Geldfälscher, Blüten, Banken und den neuen Euro. Die Mitspieler müssen Indizien und Hinweise suchen sowie Zeitzeugen befragen. Ein spannendes Spiel für Kinder ab 8 Jahren.

TLC – The Learning Company:
Europa – Eine Zeitreise.
Auf unterhaltsame Weise vermittelt diese CD-ROM historisches Wissen über Europa.

Vivendi Universal Interactive:
ADDY – Der Euro.
Spielerisch Lernen entdecken die Mitspieler gemeinsam mit Addy den Weg nach Europa. Geeignet für Kinder ab 10 Jahren.

Internetseiten

http://www.kindernetz.de/infonetz/thema/europa/

http://www.br- online.de/kinder/treffen-finden/aktuell/europawird-groesser/

http://www.tivi.de/fernsehen/logo/index/00100/index.html

www.EntdeckeEuropa.de
Informationen zu allen Themen rund um die Europäische Union für Kinder ab 8 Jahren.

www.europa4young.de
Auf dieser Seite erfahren die Kinder alles Wissenswerte zum Euro..

www.euro.ecb.int
Unter dem Link »Kinderecke« und weiter unter der Rubrik »Spiele« können Spiele und Spielgeld heruntergeladen werden.

www.learnline.nrw.de/angebote/kie
Diese Seite richtet sich an Kinder und Lehrkräfte aus ganz Europa, damit diese voneinander lernen.

www.bernd-nebel.de/bruecken/
Eine Interessante Internetseite zum Thema Brücken.

PeP
Projekte mit Kindern

Autorinnen dieser Mappe
Sandra Sommerfeld, Hildesheim
Gabriele Wensky, Konstanz

Außenredaktion
Cornelia Schönfeld, Freiburg

Illustrationen
Hildegard Müller, Ginsheim

Gestaltung und Satz
Hella Design, Teningen
helladesign@web.de

Reihenkonzept und Layout
Grafik-Design Schneider & Schneider-Reckels, Wiesbaden
schneider-reckels@t-online.de

Druck
fgb • Freiburger Graphische Betriebe 2006
www.fgb.de

Papier
Gedruckt auf umweltfreundlichem, chlorfrei gebleichtem Papier

Verlag Herder
Lektorat Pädagogik, Axel Wolber
Hermann-Herder-Straße 4
79104 Freiburg
Telefon 0761/2717-320
wolber@herder.de

Anmerkung des Verlages
Wir danken den Verlagen und Rechteinhabern für die Abdruckgenehmigungen. Bei einigen Texten war es trotz gründlicher Recherchen nicht möglich die Inhaber der Rechte ausfindig zu machen. Honoraransprüche bleiben bestehen.

Erscheinungsweise
jährlich 4 Ausgaben

Bezugspreise
Abonnement € 15,00 je Ausgabe
Einzelheft € 17,00 je Ausgabe
Preise zzgl. Versandkosten

Bestellungen
Verlag Herder
Frau Catrin Tinn
79080 Freiburg
Telefon 0761/2717–474
Fax 0761/2717–249
kundenservice@herder.de

ISSN 1436-5383
ISBN 3-451-73051-0
ISBN 978-3-451-73051-1

Kennen Sie schon die anderen PeP-Mappen nach dem neuen Konzept?

Europa ist gleich nebenan
80 Seiten, Ringordner
ISBN 3-451-73051-1

Zahlenspiel und Zahlenspaß
80 Seiten, Ringordner
ISBN 3-451-73050-2

In Wald und Wiese
80 Seiten, Ringordner
ISBN 3-451-73046-4

Feen, Zwerge, Märchenwelt
80 Seiten, Ringordner
ISBN 3-451-73049-9

Burgen, Ritter, Edelfrauen
80 Seiten, Ringordner
ISBN 3-451-73047-2

Drachen und Dinosaurier
80 Seiten, Ringordner
ISBN 3-451-73043-X

Botschaften, Signale – Verständigung
80 Seiten, Ringordner
ISBN 3-451-73048-0

Bald schon ist Weihnachten
80 Seiten, Ringordner
ISBN 3-451-73045-6

Leben in der Nacht
80 Seiten, Ringordner
ISBN 3-451-73044-8

Erhältlich in Ihrer Buchhandlung, oder bei:
D+A: kindergarten Fachversand, Sonja Bergmann, Postfach 674, D-79006 Freiburg, **CH:** HERDER AG Basel, Postfach, CH-4133 Pratteln 1

Ebenfalls noch lieferbar:

die „alten“ PeP-Mappen!

Kleine Piraten auf großer Fahrt
64 Seiten, Ringordner
ISBN 3-451-73019-7

Ich fühl mich wohl in meinem Körper
64 Seiten, Ringordner
ISBN 3-451-73037-5

Leben mit Tieren
64 Seiten, Ringordner
ISBN 3-451-73038-3

Rund ums Bilderbuch
64 Seiten, Ringordner
ISBN 3-451-73039-1

Bei den Indianern
64 Seiten, Ringordner
ISBN 3-451-73041-3

Im Dschungel ist was los
64 Seiten, Ringordner
ISBN 3-451-73042-1

Im Reich der Elfen und Trolle
64 Seiten, Ringordner
ISBN 3-451-73034-0

Weil wir gute Freunde sind
64 Seiten, Ringordner
ISBN 3-451-73017-0

Faszinierende Wasserwelten
64 Seiten, Ringordner
ISBN 3-451-73032-4

Kräutertrank und Hexenbesen
64 Seiten, Ringordner
ISBN 3-451-73020-0

Entdecke den Weltraum
64 Seiten, Ringordner
ISBN 3-451-73025-1

Feuer und Flamme
64 Seiten, Ringordner
ISBN 3-451-73026-X

Rund um den Garten
64 Seiten, Ringordner
ISBN 3-451-73031-6

Leben im Wilden Westen
64 Seiten, Ringordner
ISBN 3-451-73033-2

So leben wir gesund und munter
64 Seiten, Ringordner
ISBN 3-451-73027-8

Erhältlich in Ihrer Buchhandlung, oder bei:
D+A: kindergarten Fachversand, Sonja Bergmann, Postfach 674, D-79006 Freiburg, **CH:** HERDER AG Basel, Postfach, CH-4133 Pratteln 1